保育内容
「言葉」指導法

馬見塚昭久/小倉直子

[編著]

ミネルヴァ書房

はじめに

　言葉は大切な文化であると同時に、思考やコミュニケーションに欠かせない道具でもあります。ところが近年、少子化や地域の遊び場の消失による原体験の希薄化、通信機器の利便性向上によるコミュニケーション不足、家庭や地域の教育力低下など、子どもたちの言葉を育てる環境が極度に貧しくなっているといわれます。これからの時代、保育・幼児教育の重要性が広く認識され、保育者に対する期待はますます高まっていくことでしょう。

　「教育」と聞くと、どうしても言葉を「教える」様子がイメージされるかもしれませんが、言葉を覚えて使えるようになることだけが幼児教育の目的ではありません。子どもたちは、遊びを中心とした活動や保育者との関わりを通して自ら言葉を獲得し、人間としても成長していきます。領域「言葉」の学習は、子どもたちの言葉を豊かに育むための関わり方を学ぶとともに、人間としての成長や文化の発展について考えることのできる保育者となることを目指しているのです。

　保育・幼児教育の仕事は、子どもの健やかな成長を支えるたいへん責任の重い尊い仕事です。当然のことながら、保育者は理想の保育を目指して、子どもたちと一緒に歩み続けることができる人でなければなりません。本書で学ばれる皆さんはどうか誇りをもってこの道を歩んでいってほしいと思います。

　子どもたちとともに泣いたり笑ったりして過ごす時間を心から楽しみ、現場で活躍される保育者となることを心から願っております。

2018年3月

編者
馬見塚昭久
小倉直子

目 次

はじめに………1

1 領域「言葉」とは………6
①領域の考え方と言葉の育ち………6
②領域「言葉」のねらいと内容………15
　演習課題 ❶………24
　アクティビティ ❶………25

2 子どもの発達と言葉………26
①乳児の発達と言葉の獲得………26
②幼児の発達と言葉の役割………35
　演習課題 ❷………46
　アクティビティ ❷………47

3 前言語期のコミュニケーションと保育………48
①言語獲得前のコミュニケーション………48
②コミュニケーションを育むための働きかけ………57
　演習課題 ❸………66
　アクティビティ ❸………67

4 話し言葉の機能と発達………68
①「話す」ということ………68
②園生活で話す力を育てる………77
　演習課題 ❹………83
　アクティビティ ❹………84

5 書き言葉の発達と保育………86
①文字の読み書きと保育………86
②文字の読み書きを支援する方法………94
演習課題 ❺………101
アクティビティ ❺………103

6 言葉の発達と児童文化財・言葉遊び………104
①領域「言葉」の児童文化財の概要と意味………104
②領域「言葉」の児童文化財と言葉の発達………116
演習課題 ❻………122
アクティビティ ❻………125

7 言葉に関して配慮を必要とする子どもへの支援………126
①言葉に関する課題………126
②母語が日本語ではない子ども………134
演習課題 ❼………142
アクティビティ ❼………143

8　現代社会と言葉………144
①子どもを取り巻く言語環境………144
演習課題 ❽………153
アクティビティ ❽………154

索引………155
参考文献………157

本書の特徴と使い方

　本書は、保育者養成校における「言葉指導法」のテキストとして執筆しました。「幼児と言葉」の学習の一助にもなるように編集してあります。
　わかりやすく、しかも内容の濃い学習ができるように工夫しました。8章立てですが、各章が2節（8章のみ1節）で構成されているため、全部で15回の授業にも対応しています。学習の際には、まず各章の記述を読み、内容のあらましを理解してください。その後、「アクティビティ」や「演習課題」に取り組み、考えを深めましょう。

保育内容 「言葉」指導法

1 領域「言葉」とは

この章で学ぶこと・・・
- 領域の考え方と総合的に指導するということを理解しよう
- 領域「言葉」を学び、教科「国語」との関係性を考察しよう

学びのキーワード

人格形成の基礎　環境を通して行う教育
教育的な視点　保幼小連携　教材研究　評価

1 領域の考え方と言葉の育ち

1．生涯にわたる人格形成の基礎

　保育者は目の前にいる子どもたちを見つめるとともに、常に「人格の完成」という究極の目的を見据えていなければなりません。

　2017（平成29）年に告示された「幼稚園教育要領」（文部科学省。以下、本書で取り上げる「幼稚園教育要領」および「保育所保育指針」[厚生労働省] は、すべて2017年告示のものです）の第1章第1「幼稚園教育の基本」には次のように記されています（下線は筆者による：以下同様）。

　幼児期の教育は、生涯にわたる人格形成の基礎を培う重要なものであり、幼稚園教育は、学校教育法に規定する目的及び目標を達成するため、幼児期の特性を踏まえ、環境を通して行うものであることを基本とする。

　「幼稚園教育要領」は、「学校教育法」および「学校教育法施行規則」を直接の根拠として制定されていますが、この「人格形成の基礎」は、

「教育基本法★1」における教育の目的を踏まえた言葉であることは言うまでもありません。

一方、「保育所保育指針」の第1章1(2)「保育の目標」には次のように記されています。

保育所は、子どもが生涯にわたる人間形成にとって極めて重要な時期に、その生活時間の大半を過ごす場である。このため、保育所の保育は、子どもが現在を最も良く生き、望ましい未来をつくり出す力の基礎を培うために、次の目標を目指して行わなければならない。

「保育所保育指針」は、「児童福祉法」に基づいて制定されていますが、「児童福祉法」の第1条には、「全て児童は、児童の権利に関する条約の精神にのっとり、適切に養育されること」などが示されています。そこで、「児童の権利に関する条約」を見てみますと、その前文に、「この条約の締約国は、〈中略〉児童が、その人格の完全かつ調和のとれた発達のため、家庭環境の下で幸福、愛情及び理解のある雰囲気の中で成長すべきであることを認め、〈中略〉次のとおり協定した」とあります。

ここでいう「人格の完全かつ調和のとれた発達」とは、「教育基本法」が謳（うた）っている「人格の完成」にほかなりません。つまり、幼稚園も保育所も、学校と福祉施設という性質の違いはあっても、人間形成を目指す大きな流れのなかに位置づけられるのです。

ところで、「人格形成の基礎」とは、具体的に何を意味しているのでしょう。

みなさんは、「知育・徳育・体育」という言葉を聞いたことがあり

★1 「教育基本法」とは、日本国憲法の精神にのっとり、わが国の未来を切り拓く教育の基本を確立し、その振興を図るために制定された法律である。
「第一条（教育の目的）教育は、人格の完成を目指し、平和で民主的な国家及び社会の形成者として必要な資質を備えた心身ともに健康な国民の育成を期して行われなければならない」

ませんか。知育は確かな学力の育成、徳育は豊かな心の育成、体育は健康や体力の育成を示し、これら3つをバランスよく育成することが大切だという考え方です。

　この言葉は、イギリスの哲学者、ハーバート・スペンサー（1820〜1903年）の教育論がもとになっており、明治時代から盛んに使われてきました。実は、この考え方は、今でも形を変えて学校教育の基本的な理念として位置づけられているのです。

2．生きる力を育む

①「生きる力」とは

　「学習指導要領」（本書では、単に「学習指導要領」という場合は、「幼稚園教育要領」、「小学校学習指導要領」、「中学校学習指導要領」などを包含する言葉として使います）は、日本中の学校が一定の教育水準を保てるように、各教科の目標や内容などの基準を文部科学省が定めたものですが、その理念は「生きる力」を育むことであるとされています。「生きる力」を育むことによって、「教育基本法」が掲げる教育の目的を実現しようとしているのです。

　「学習指導要領」はおよそ10年ごとに改訂されていますが、1998（平成10）年にはじめて明示されて以来、「生きる力」は、二度の改訂を経て2017年告示の「幼稚園教育要領」にも継承されています。

　「理念」とは、根本的な考え方のことですから、これほど大切なものはありません。では、「生きる力」とは具体的に何を指しているのでしょうか。保護者に配付されたリーフレット（文部科学省「すぐにわかる新しい学習指導要領のポイント」2011年、4頁）では、「学習指導要領の理念は『生きる力』、それは、知・徳・体のバランスのとれた力のことです」と記されています。

　つまり、「生きる力」とは、「知育・徳育・体育」の結果として得られる力をわかりやすく一言で言い換えた言葉なのです。

②「生きる力」と「幼児期の終わりまでに育ってほしい姿」

　幼児教育の場合には、知育・徳育・体育をもう少し具体的にとらえています。「幼稚園教育要領」の第1章第2「幼稚園教育において育みたい資質・能力及び『幼児期の終わりまでに育ってほしい姿』」をみてみましょう。

　幼稚園においては、生きる力の基礎を育むため、この章の第1に示す幼稚園教育の基本を踏まえ、次に掲げる資質・能力を一体的に育むよう努めるものとする。

　この「次に掲げる資質・能力」とは、①「知識及び技能の基礎」、②「思考力、判断力、表現力等の基礎」、③「学びに向かう力、人間性等」の3つですが、すぐそのあとに、この3つは「第2章に示すねらい及び内容に基づく活動全体によって育むものである」と続いています。「第2章に示すねらい及び内容」とは、5領域、すなわち「健康」「人間関係」「環境」「言葉」「表現」におけるねらいおよび内容のことです。

[図表1-1-1] **生きる力の基礎を育む資質・能力**
「健康」「人間関係」「環境」「言葉」「表現」など、
5領域の活動全体

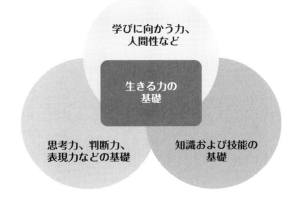

大変まわりくどい条文ですが、その意味するところは、「生きる力の基礎を育むために、各領域の活動によって3つの資質・能力を一体的に育てなさい」ということです。図示すると図表1-1-1のようになります。
　結局、冒頭に引用した「人格形成の基礎」とは、この各領域の活動によって、生きる力の基礎がバランスよく育成された状態を意味することになります。その状態を具体的に明示したのが、「幼児期の終わりまでに育ってほしい姿」です。これは、(1) 健康な心と体、(2) 自立心、(3) 協同性、(4) 道徳性・規範意識の芽生え、(5) 社会生活との関わり、(6) 思考力の芽生え、(7) 自然との関わり・生命尊重、(8) 数量や図形、標識や文字などへの関心・感覚、(9) 言葉による伝え合い、(10) 豊かな感性と表現の10項目あり、大変多岐にわたりますが、保育者はこの姿を目指して日々子どもたちに接していかなければなりません。
　なお、「保育所保育指針」の第1章4「幼児教育を行う施設として共有すべき事項」にも、「育みたい資質・能力」や「幼児期の終わりまでに育ってほしい姿」など、「幼稚園教育要領」とほとんど同じ内容が示されています。幼児教育においては、「人格形成の基礎」を培うために、「生きる力の基礎」を育むことが、最も大切な事項として位置づけられているのです。

3．環境を通して行う総合的な教育

① 環境を通して行う教育

　さて、前記2．②で「領域」という言葉がでてきました。保育の世界では、「健康」「人間関係」「環境」「言葉」「表現」の5つを「領域」とよんでいます。よく勘違いしやすいのですが、「領域」は「教科」ではありません。
　たとえば、小学校には教科として「国語」の時間があり、文字や文

法についての系統的な学習をしています。しかし、幼稚園や保育所には、「国語」に対応する「言葉」の時間はありません。

では、幼稚園や保育所では、どのようにして言葉を育むのでしょうか。冒頭に引用した「幼稚園教育要領」の第1章第1「幼稚園教育の基本」には、「幼稚園教育は、学校教育法に規定する目的及び目標を達成するため、幼児期の特性を踏まえ、環境を通して行うものである」とありました。

「環境を通して行う」とは、授業ではなく、周囲・外界との関わりを通して教育するということです。この「幼稚園教育の基本」には、次のように重視すべき事項が3つ示されています。長いので、要点だけ引用します。

1) 幼児の主体的な活動を促し、幼児期にふさわしい生活が展開されるようにすること。
2) 遊びを通しての指導を中心として第2章に示すねらいが総合的に達成されるようにすること。
3) 幼児一人ひとりの特性に応じ、発達の課題に即した指導を行うようにすること。

この3つをおおまかにまとめると、「幼児の主体的な活動としての遊びを通して、一人ひとりの特性に応じた指導をしていく」ということになります。主体的な遊びが中心ですから、たとえば、そこに言葉の授業を入れるなど、領域を取り立てて指導することはありません。

② 総合的な関わりで育む言葉

「保育所保育指針」ではどうでしょうか。第1章1 (3)「保育の方法」オの記述を確かめてみましょう。

　子どもが自発的・意欲的に関われるような環境を構成し、子どもの主体的な活動や子ども相互の関わりを大切にすること。特に、乳幼児期にふさわしい体験が得られるように、生活や遊びを通して総合的に

保育すること。

　ここで大切なのは、「自発的・意欲的に関われるような環境を構成」することと、「生活や遊びを通して総合的に保育する」ということです。先生から一方的に教えられるのではなく、子どもたちが自発的・意欲的に関われるような環境のなかで、総合的に保育することが基本となっています。
　したがって保育者は、幼児が主体的に遊ぶことができるような環境をあらかじめ計画的に整えなければなりません。いざ遊びが始まったら、さりげない言葉かけなどで支援しながら遊びを深化発展させていくことが必要となります。言葉は、その総合的な関わりのなかで育まれていくのです。

4．教育的な視点
①「幼稚園教育要領」「保育所保育指針」に示される領域

　領域が教科ではないと述べましたが、領域とは一体何なのでしょうか。なぜ、「領域」という考え方があるのでしょうか。
　まず、「幼稚園教育要領」第2章「ねらい及び内容」の前文をみてみましょう。

　各領域は、これらを幼児の発達の側面から、心身の健康に関する領域「健康」、人との関わりに関する領域「人間関係」、身近な環境との関わりに関する領域「環境」、言葉の獲得に関する領域「言葉」及び感性と表現に関する領域「表現」としてまとめ、示したものである。
〈中略〉
　各領域に示すねらいは、幼稚園における生活の全体を通じ、幼児が様々な体験を積み重ねる中で相互に関連をもちながら次第に達成に向かうものであること、内容は、幼児が環境に関わって展開する具体的

<u>な活動を通して総合的に指導される</u>ものであることに留意しなければならない。

次に「保育所保育指針」をみてみましょう。第2章「保育の内容」の前文に次のような記述があります。

本章では、保育士等が、「ねらい」及び「内容」を具体的に把握するため、主に<u>教育に関わる側面からの視点</u>を示しているが、実際の保育においては、<u>養護と教育が一体となって展開される</u>ことに留意する必要がある。

② 総合的に展開される領域

「幼稚園教育要領」にも「保育所保育指針」にも、非常に重要な柱が2つ述べられています。

まず1つ目の柱は、「具体的な活動を通して総合的に指導される」(幼稚園教育要領)あるいは、「養護と教育が一体となって展開される」(保育所保育指針)ということです。各領域は単独で成立するものではなく、相互に関連をもちながら総合的に展開されるべきものなのです。

実際、子どもたちの能力は、領域別に発達するわけではありません。むしろ、ある学習によって特定の力だけが育つということのほうがまれでしょう。

みなさん自身の体験を振り返ってみてください。たとえば「教科」としての国語の授業でさえ、伸びたのは国語の力だけではなかったはずです。新しい漢字に出会い、言葉を吸収することは国語としての知識の習得ですが、さまざまな教材文を読んで登場人物の心情にふれることは豊かな情操につながります。その感動を先生や友だちとやりとりすることで、人間関係も深まったことでしょう。元気よく発言することや45分間姿勢よく座っていることは、忍耐力や体幹を鍛え、健康

を増進することに役立ったかもしれません。

　幼児の遊びの現場はなおさらです。レストランごっこを例にとってみましょう。誰が何の役を担当するのか話し合う、部屋中を探しまわって材料を集める、レストランを再現し飾りつけをする、もてなしたりもてなされたりするなど、すべての行為が相互に関連し合いながら、「健康」「人間関係」「環境」「言葉」「表現」という発達の側面に影響を与え合っているのです。

③ 教育的な視点となる領域

　次に2つ目の柱は、領域が幼児の資質・能力などを「発達の側面から〈中略〉示したもの」（幼稚園教育要領）あるいは、「教育に関わる側面からの視点を示している」（保育所保育指針）ということです。つまり、領域は、幼児の発達を見るための教育的な視点・観点として示されているのです。

　これは、たとえば植木の成長を考えてみるとよくわかります。1本の木の成長も、高さ・太さ・枝の広がり・葉の色・葉の勢いなど、いくつもの観点をもち、注意深く見ることによって、ただ「大きくなった」だけではない、木のさまざまな側面が見えてくるようになります。もし、葉の色や枝の広がり方が悪ければ日当たりをよくする、葉に勢いがなければ保水力のある土を入れるなど、個別の状況に応じたさまざまな環境構成をして対応することも可能になります。その対応の一つひとつが相互に関連し合って、木の成長を促します［図表1-1-2］。

　同じように、子どもたちの成長を見る際にも、5領域という視点から見ることによって、どの面がどの程度成長しているのかがわかり、具体的な対応をとってバランスのよい成長を促すことができるようになるのです。

　5領域はけっして単独で成立するものではありません。相互に関連をもちながら、総合的に展開されています。領域とは、子どもたちの発達を確認し、環境を構成するための教育的な視点なのです。

[図表1-1-2] 植木の成長にみる教育的な視点

2 領域「言葉」のねらいと内容

1．共通するゴール

　幼稚園や保育所では、どのようにして言葉の力を育もうとしているのでしょうか。ここでは、「幼稚園教育要領」第2章「ねらい及び内容」の領域「言葉」を確認し、具体的な内容について学びましょう。

言葉
〔経験したことや考えたことなどを自分なりの言葉で表現し、相手の話す言葉を聞こうとする意欲や態度を育て、言葉に対する感覚や言葉で表現する力を養う。〕
1　ねらい
　（1）　自分の気持ちを言葉で表現する楽しさを味わう。
　（2）　人の言葉や話などをよく聞き、自分の経験したことや考えたことを話し、伝え合う喜びを味わう。
　（3）　日常生活に必要な言葉が分かるようになるとともに、絵本や物

語などに親しみ、言葉に対する感覚を豊かにし、先生や友達と心を通わせる。
2　内容
　（1）先生や友達の言葉や話に興味や関心をもち、親しみをもって聞いたり、話したりする。
　（2）したり、見たり、聞いたり、感じたり、考えたりなどしたことを自分なりに言葉で表現する。
　（3）したいこと、してほしいことを言葉で表現したり、分からないことを尋ねたりする。
　（4）人の話を注意して聞き、相手に分かるように話す。
　（5）生活の中で必要な言葉が分かり、使う。
　（6）親しみをもって日常の挨拶をする。
　（7）生活の中で言葉の楽しさや美しさに気付く。
　（8）いろいろな体験を通じてイメージや言葉を豊かにする。
　（9）絵本や物語などに親しみ、興味をもって聞き、想像をする楽しさを味わう。
　（10）日常生活の中で、文字などで伝える楽しさを味わう。

　最初にある、「経験したことや考えたことなどを自分なりの言葉で表現し、相手の話す言葉を聞こうとする意欲や態度を育て、言葉に対する感覚や言葉で表現する力を養う」は、領域「言葉」の目標です。
　そのあとの「ねらい」とは、「幼稚園教育において育みたい資質・能力を幼児の生活する姿から捉えたもの」（「幼稚園教育要領」第2章「ねらい及び内容」前文）であり、「内容」とは、「ねらいを達成するために指導する事項」（同上）です。
　「保育所保育指針」の領域「言葉」も「目標」はまったく同じです。「ねらい」と「内容」も、「先生」が「保育士等」になり、「幼児」が「子ども」になっているという違いはありますが、（1）から（6）は主として話

し言葉によるコミュニケーションに関係する内容で、領域「人間関係」にも関わる事項、(7)から(9)は言葉と心の豊かさに関係する事項、(10)は書き言葉によるコミュニケーションに関する事項で、まったく同じです。

　これは、一定の教育水準を保つためという現実的な理由もありますが、子どもにとってのゴールは普遍的なもので共通しているのだということを意味しているといえるでしょう。

2．楽しさや喜びが基本

　さて、領域「言葉」の「ねらい」をみてみると、「楽しさを味わう」ことや「伝え合う喜びを味わう」こと、「心を通わせる」ことなど、言葉を使うことを通して感性に訴えかけ、心の通い合いや楽しさ、喜びを味わうことが主となっています。そのあとに「内容の取扱い」として5つの留意事項が掲載されています。言葉を育むための具体的な方策であり、とても大切な内容ですので、「幼稚園教育要領」第2章「ねらい及び内容」の領域「言葉」を確認していきましょう。

(1) 言葉は、身近な人に親しみをもって接し、自分の感情や意思などを伝え、それに相手が応答し、その言葉を聞くことを通して次第に獲得されていくものであることを考慮して、幼児が教師や他の幼児と関わることにより心を動かされるような体験をし、言葉を交わす喜びを味わえるようにすること。

(2) 幼児が自分の思いを言葉で伝えるとともに、教師や他の幼児などの話を興味をもって注意して聞くことを通して次第に話を理解するようになっていき、言葉による伝え合いができるようにすること。

(3) 絵本や物語などで、その内容と自分の経験とを結び付けたり、想像を巡らせたりするなど、楽しみを十分に味わうことによって、

次第に豊かなイメージをもち、言葉に対する感覚が養われるようにすること。
(4)　幼児が生活の中で、言葉の響きやリズム、新しい言葉や表現などに触れ、これらを使う楽しさを味わえるようにすること。その際、絵本や物語に親しんだり、言葉遊びなどをしたりすることを通して、言葉が豊かになるようにすること。
(5)　幼児が日常生活の中で、文字などを使いながら思ったことや考えたことを伝える喜びや楽しさを味わい、文字に対する興味や関心をもつようにすること。

　下線で示した通り、ここで大切なのは、領域「言葉」を「会話ができるようにする」といった狭い意味でとらえないことです。言葉への興味や関心をもつとともに、言葉を使う楽しさや喜びを味わうことが基本となります。
　たとえば、みなさんがはじめて英語を使ってコミュニケーションしたときのことを思い出してみてください。覚えたての単語1つでも、外国の方に通じたときはうれしかったのではないでしょうか。もっと勉強してたくさんしゃべりたいという意欲がわいたかもしれません。
　同じように、まだ自分の思いを上手に表現することのできない子どもたちにとって、おぼつかない言葉や気持ちを相手に受け止めてもらえたときの喜びは、大変なものなのです。
　そのうれしさや安心感、信頼感が次の伝え合いへの原動力となります。この繰り返しによって、言葉に対する興味や関心が深まり、言葉に対する感覚が養われ、言葉が豊かに成長していくのです。

3．言葉を育む指導計画

① 指導計画の作成

　主体的な遊びが大切とはいうものの、それは自由放任を意味しているわけではありません。保育者は単なる思いつきで遊ばせているわけではなく、計画に従って日々の保育をしています。

　幼稚園や保育所では、子どもたちの心身の発達や地域の実態に応じて、「教育課程」（幼稚園）および「全体的な計画」（保育所）を編成し、それに基づいて具体的な「指導計画」を作成することとされています。

　「教育課程」は、幼稚園教育において育みたい資質・能力を踏まえたうえで、園独自の課題や目標、内容について総合的に組織した計画です。各園の最も根本的なビジョンのようなもので、これをみれば、園児が入園してから卒園するまでの成長過程をイメージすることができるようになっています。

　「指導計画」は、「教育課程」に基づいて具体的なねらいや内容、環境構成、予想される子どもの姿や保育者の動きなどを見通したものです。年間指導計画や月案など長期の指導計画と週案や日案など短期の指導計画がありますが、みなさんが実習などで作成する機会が多いのは日案でしょう。「責任実習指導案」ともいい、さらにその一部分の活動に限定した計画を「部分実習指導案」とよんでいます。[★1]

　指導計画の作成においては、子どもたちの発達を見通した援助や環境構成に配慮することが必要です。

　たとえば、保育室の壁面飾りを季節感あるものに変えるだけでも、園児たちの心を揺り動かすことができ、会話が弾みます。集団遊びを促すために、保育室の絵本コーナーに遊びがテーマの絵本を表紙が見えるように置いておくことも有効な環境構成であり、指導となります。

★1　指導計画の呼称や形式は、養成校や地域によってさまざまである。各自でよく確かめておくこと。

② 幼児教育における指導

　ところで、もうみなさんお気づきでしょうが、幼児教育における「指導」とは、必要な援助をしたり、行動を促したり、暗示したりするなど、子どもたちのその場の活動に応じて柔軟に関わることが中心です。けっして何かを強いることではありません。「指導」という漢字をよく見てみると、「指」と「道」と「寸」で成り立っています。本来の語源とは少し違いますが、「指導」とは、「道をほんの少し（寸）、指し示す」ことだと考えるとよいでしょう。

　棚にもう１箱あることに気づかず、積木がないといってぐずっている子どもに対し、ニッコリほほえんで「あれっ？」と棚を見つめる。たったそれだけでも、子どもたちが自力でものを探すことを促す「指導」になるのです。

４．保育の評価

　保育者は常に日々の保育を振り返り評価したうえで、改善に努めなければなりません。

　評価について、「幼稚園教育要領」第１章第４の４「幼児理解に基づいた評価の実施」には、次のような配慮事項が示されています。

---

(1) 指導の過程を振り返りながら幼児の理解を進め、幼児一人一人のよさや可能性などを把握し、指導の改善に生かすようにすること。その際、他の幼児との比較や一定の基準に対する達成度についての評定によって捉えるものではないことに留意すること。

(2) 評価の妥当性や信頼性が高められるよう創意工夫を行い、組織的かつ計画的な取組を推進するとともに、次年度又は小学校等にその内容が適切に引き継がれるようにすること。

最初に「指導の過程を振り返りながら」とある通り、保育の評価は、指導の過程の全体に対して行うものです。子どもたちの育ちは、保育の結果にほかなりません。評価をするときには、子どもたち一人ひとりの生活実態や可能性をどれだけ理解していたか、設定したねらいや環境構成は適切だったか、子どもの活動に即した援助を行ったかなど、自分自身の保育の質を多面的に振り返ることが重要です。

　なお、子どもたちの育ちをみる際には、言葉をたくさん発するようになったなどという外面に惑わされず、相手の言葉を受け止め、相手の気持ちをよく考えられるようになったなど、見えにくい部分にも留意するようにしましょう。

　また、特に気をつけなければならないのは、「他の幼児との比較」（相対評価）や「一定の基準に対する達成度についての評定」（絶対評価）によってとらえるものではないという点です。その子なりの課題や目標に対する成長を評価することが求められています。

5. 領域「言葉」と教科「国語」

　これまで学習してきた通り、領域「言葉」は単独で成立するものではありません。子どもたちの言葉は、主として主体的な遊びを通してほかの領域と関連しながら総合的に育まれるものです。それに対し、小学校の教科「国語」の内容は、〔知識および技能〕と〔思考力、判断力、表現力など〕に大別され、それらを主として教科書によって学んでいきます。

　両者はまったく性質の違うものでありながら、特に年長児をもつ保護者にとって、幼稚園や保育所の教育が小学校の教科にどのように接続していくのか、大きな関心事になっています。園でしっかり文字を教えないことに不安を募らせる保護者も少なくありません。

　幼稚園や保育所では、どの程度まで小学校につながる学習をすべきなのでしょうか。「幼稚園教育要領」第2章「ねらい及び内容」の前

文には次のように記されています。

なお、特に必要な場合には、各領域に示すねらいの趣旨に基づいて適切な、具体的な内容を工夫し、それを加えても差し支えないが、その場合には、それが第1章の第1に示す幼稚園教育の基本を逸脱しないよう慎重に配慮する必要がある。

つまり、必要であれば園独自の内容を工夫して取り入れても構わないが、主体的な遊びを中心とする幼稚園教育の基本を逸脱してはならないというわけです。

たとえば、物語の読み聞かせのあとには、余韻を大切にして感想を求めないのが基本ですが、年長児にさりげなく感想を聞く程度なら問題ありません。それも、「感想を聞かせて」ではなく、保育者自身が「かわいそうだったね」などと思いを語り、子どもたちの感想を触発させるとよいでしょう。また、お絵かきの発展として絵本づくりなどをすれば、子どもたちは必要性から文字を知りたがります。そのように子どもたちの主体性を生かしながら、徐々に文字に親しませるようにするのが適切です。

ところで近年、小学校生活になじめない新1年生が増えています。いわゆる小1プロブレムといわれるこの現象、いくつかの原因が考えられますが、その一つに園生活との段差があります。本来、段差は、子どもたちの成長に欠かせないスプリングボードです。この段差を乗り越えることによって、心身ともに1年生らしいたくましさが身につくのです。

ところが、遊びのなかでのびのびと学んできた子どもたちにとって、45分間じっとしている授業は当然ながらはじめてのことで

す。近年の子どもたちは、そこに大きなとまどいや不安、苦痛を感じてしまうようです。「幼稚園教育要領」第1章第6「幼稚園運営上の留意事項」には、次のような記述もあります。

　特に、幼稚園教育と小学校教育の円滑な接続のため、幼稚園の幼児と小学校の児童との交流の機会を<u>積極的に</u>設けるようにするものとする。

　このなかの、「積極的に」という部分は、従来の「幼稚園教育要領」にはなく、2017（平成29）年の改訂で新たに追加された言葉です。小学校との交流が喫緊の課題であることを物語っています。
　ただ、残念なことに現実はそう簡単ではありません。一番の問題は、小学校側の時間不足[★2]です。小学校の学習時間は、教科ごとに厳格に規定されており、園児との交流に使える余った時間というものはほとんどないのが実情です。
　まずは、保育者と小学校関係者とでコミュニケーションを密にすることから始めるとよいでしょう。相互の参観や意見交換などを通して、互いの教育内容や教育目標、子どもたちの生活実態などを伝え合い、理解を深め、信頼感を醸成したいものです。そうした意思疎通を経て、小学校側が運動会や給食に園児を招待するなどの交流が始まり、継続的に発展させている事例も増えてきています。

★2　小学校の学習時間は、「学校教育法施行規則」に基づいており、たとえば1年生でも年間782時間以上消化することが義務づけられている。これを長期休業を除いた34週で割ると、週当たり23時間となる。毎日4時間、5時間勉強してやっと達成できる数値である。

演習課題 ❶

事例研究・5つの領域

　4歳児クラスで、何人かの子どもたちがごっこ遊びをしています。今日はラーメン屋さんごっこをしているようで、おもちゃコーナーからどんぶり容器や黄色い毛糸やひも（麺）が集められています。隣のテーブルのプラスチックビーズで遊んでいた子たちから、緑のビーズをもらってきました。細ネギだそうです。
A児「あっ、チャーシューがない」
B児「段ボールでつくれば？」
　そこで、先生にはさみを使ってよいかどうか聞いて、段ボールを切っていきます。A児は悪戦苦闘しながら丸く切っています。A児には、ラーメン屋さんのイメージがしっかり頭のなかにあるようです。
C児「（白いひもをみつけて）ねえこれ、もやしに使えない？」
先生「なるほど、もやしみたいだね。野菜も食べないと体に悪いもんね」
A児「じゃあそれ、もやしラーメンにしよう」
　いよいよ準備完了、開店です。隣のテーブルから興味津々で見ていた子たちが、お客さんとして並びます。
A児「へい、らっしゃい！　チャーシューメン、つけ麺、もやしラーメンがあります、どれにしますか？」ざるに麺を入れ、湯きりのポーズも決まっています。

　　　　　　　・・・・・・・・・・・・・

■何気ないクラスでのエピソード記録ですが、このなかから、「健康」「人間関係」「環境」「言葉」「表現」5つの領域に関わる保育者や子どもの言動をみつけてみましょう。

【振り返りのポイント】（たとえば）
- 「健康」：はさみを使うときは先生の許可を得るようなルールを決めていること。野菜も食べないとね、と指摘しているところ。
- 「人間関係」：細ねぎ、チャーシューやもやしの場面など、友だちと話し合いながら、ラーメン屋のイメージを共有し、準備をしているところ。
- 「環境」：空き容器や毛糸など、ままごとに使えそうな素材を準備してあるところ。コーナーでそれぞれ好きな遊びに参加できるようにしているところ。
- 「言葉」：友だちとの話し合い。「もやしみたいじゃない？」というC児の言葉を受け止め、友だちと共有できる形で返しているところ。
- 「表現」：ラーメン屋さんの店長になりきって、「へい、らっしゃい！」というセリフや、湯きりのポーズで決めているA児。

アクティビティ ❶

課題その1　バースデーライン

　教室にいる全員で、言葉を使わずに誕生日順に並んでみましょう。

❶ 4月生まれから誕生日の早い順に1列に並びます。もしも誕生日が同じ人がいたら、並び順は双方で決めましょう。
❷ 並び終わるのにどれくらいの時間がかかるでしょうか。
❸ 全員が並び終わったら、先頭から誕生日を言っていきましょう。

課題その2　意思の伝達

　言葉を使わずに、意思の伝達をしてみましょう。

❶ 隣同士など、二人組のペアをつくり、AとBを決めます。
❷ Aは黒板が見えないように顔を伏せます。
❸ 先生は黒板に短文を書きます（パワーポイントなどでも可）。
❹ Bは黒板の短文を覚えます（先生は1分後に短文を消します）。
❺ Bは言葉を使わずに、短文の内容をAに伝えます（Aもいっさい、しゃべってはいけません）。
❻ 2分後、Aは伝えられたと思うことをノートに書きます。
❼ 先生は短文の内容を発表します（正解発表の前に、A役の何人かに、受け止めた内容を発表してもらうとよいでしょう）。

【短文の例】
● 私おなか、すいちゃった。何かおいしいもの食べに行きましょうよ。
● あーぁ、疲れた。早く家に帰って、お風呂に入りたいな。

・・・・・・・・・・・・

■ このアクティビティを振り返り、感想を伝え合いましょう。

【振り返りのポイント】
● 言葉の未発達な幼児の立場になってみましょう。
● コミュニケーションは言葉だけで成り立つのでしょうか。

2 子どもの発達と言葉

この章で学ぶこと...
- 子どもの発達とコミュニケーションの育ちについて理解しよう
- それぞれの発達段階における子どもとの関わりについて学ぼう

学びのキーワード

子どもの発達　発達段階　発達連関　コミュニケーションの発達　言葉の獲得　話し言葉　書き言葉

1 乳児の発達と言葉の獲得

1．乳児期前半の発達と他者との関わり

①子どもの発達と新しいコミュニケーション手段の獲得

　人は哺乳動物のなかで唯一、産声を上げます。それは、誕生の直後から社会的な関係のなかで守り育てられることが約束されていることを意味します。社会的な関係のなかで育つため、子どもたちは他者と何らかのコミュニケーションをとる方法を、それぞれの発達段階に応じて新しく獲得していきます。誕生から就学前（5〜6歳）の発達においては、乳児期に「人に笑いかけること」、1歳頃から「言葉を使って話すこと」、5歳頃から「文字を使って書くこと」という新しいコミュニケーション手段がそれぞれ獲得されていきます。

　この章では、「聞く」「見る」「感じる」、そして「認識する」「理解する」というコミュニケーションにおける「入力」のための機能と、自分の意思を表現するための「出力」の機能がそれぞれの発達段階においてそれぞれの自我の育ちをどのように連関していくのかという点に留意しながら、子どもの言葉の発達について学びます。

2 ● 子どもの発達と言葉

[図表2-1-1] 乳児期前半の発達段階とほほえみの発達

	姿勢・運動	聴覚	視覚	音声	ほほえみ
第1の段階 (1か月頃)	左右非対称 首が座っていないのでどちらか一方をむく。	聴覚優位 音源はわかるがそちらをむけない。	目前30cm程度の位置にあるものは見えるが動くと追視できない。	産声 鼻母音「アー」	無意識にでる感情をともなわない生理的微笑。
第2の段階 (3か月頃)	左右対称 仰向けの姿勢で正面をむける。	音源を探そうと眼を動かす。	胸上で左右上下の追視ができる。	喉子音「ウックン」 泣き声に感情表現がみられる。	自分を見た人に笑いかける普遍的微笑。
新しい発達の原動力の誕生 (4か月頃)	縦抱きにしてもエネルギーが落ちない。	聴覚と視覚と運動機能が連携し、支え座りの姿勢で音がしたほうをむいてみつけ、手を伸ばそうとする。	首が座って垂直姿勢がとれることで、声がよくでる。		お座りの姿勢で、じっと相手を見て静かに笑う。
第3の段階 (5か月頃)	うつ伏せでも上体を保持できる。	音のするおもちゃをみつけ、手を伸ばし、もって口に入れて遊ぶ。 周囲の人の声を聞き分ける。 外界のさまざまな音に興味を示す。		母音や子音がつながり、強弱や高低のある音節。 声をだして遊ぶ(ボーカルプレイ)。	親しい人に自分から笑いかける社会的微笑。
飛躍的移行期 (6か月頃)	寝返りができる。お座りで上体のバランスをとる。	左右のものを見比べる、もったものをもち変える。		声を上げて笑う。	初期の人見知り。

田中昌人『乳児の発達診断入門』大月書店、1985年・江頭恵子・鈴木永子『赤ちゃんがやってきた』大月書店、2014年・村上玲子・石井玲子編『実践しながら学ぶ子どもの音楽表現』保育出版社、2012年をもとに作成

②乳児期前半の姿勢の発達

　誕生から6～7か月頃、寝返りやハイハイができるようになるまでの子どもは、自分の意思で体位を変えたり移動したりできない状態で、食事（授乳）も排泄も着替えも身のまわりの世話は、すべてまわりの大人が行います。この時期を「乳児期前半」とよびます。乳児期前半の大きな発達課題は、自分の意思で自分の体を動かせるようになることです。ここでは、乳児期前半の姿勢の発達とその時期のコミュニケーションに重要な機能の発達連関を、特に笑顔（微笑）の発達に注目し

て解説します。

③第 1 の段階（生後 1 か月頃）

　生まれたばかりの赤ちゃんには、さまざまな原始反射（新生児反射）（→第 3 章を参照）があります。いずれも、進化の歴史のなかで人類の祖先が生き延びるために必要だった能力ですが、赤ちゃんにとっては自分の意思とは無関係な動きを強いられるということでもあります。これらの反射は、中枢神経系の成熟がすすんで大脳による体のコントロールができるようになる 4 か月頃までに大部分は消失していきます。

　生後 1 か月頃までは、仰向けにすると左右どちらかをむいた姿勢になります［図表 2 - 1 - 1］。赤ちゃんの視界に入るには、機嫌よく目覚めているわずかな時間をねらって、赤ちゃんのむいている方向の 30cm 程度の場所にいなければなりません。

　この頃のコミュニケーションは、赤ちゃんから一方的に「不快なときに泣くこと」が大部分のように思われます。寝入りばなに「天使の微笑」ともよばれる「生理的微笑」（→第 3 章を参照）を見せることがありますが、それも自分のなかの「快」の刺激に反応しているだけのようです。しかしな

生理的微笑

がら、授乳の際にふっと途中で飲むのをやめてじっとして、大人がつついたり軽く揺すったり声をかけたりするとまた飲み始める、といったコミュニケーションをするのは、ほかの霊長類にはみられない人だけの特徴です。

★1　むいた側の手が伸びて反対側が曲がる（足はむいたほうが曲がって反対側が伸びる）フェンシングポーズといわれる姿勢で、原始反射の一つ。
★2　正高信男『0 歳児がことばを獲得するとき』中公新書、1993 年

④第2の段階(生後3か月頃)

　生後3か月頃になると首が座り、仰向けで正面をむけるようになります。大人がベッドをのぞき込むと自分で相手の顔をみつけることができ、自分からほほえみかけます。これを「普遍的微笑」といいますが、最初のうちは誰を見ても笑いますし、人形や写真、お面のようなものにでも反射的に笑います。この時期に赤ちゃんの様子に合わせて話しかけると、「アー、クー」と声をだして答えてくれる(「クーイング」[→第3章を参照])ようになります。手足が自分の意思で動かせるようになってくるので、それに合わせて手足をバタバタとさせます。

普遍的微笑

⑤第3の段階(生後5か月頃)

　生後5か月頃になると人形などには笑わなくなり、よく知っている人とそうでない人を見分けて、親しい人に自分から笑いかける、選択的な「社会的微笑」になっていきます。発声にも強弱や高低がつき、母音と子音がある音節が誕生してきます。うつ伏せの姿勢でも頭がペタンと落ちてしまうことがなくなり、しっかり頭を上げ、手だけでなく指も使っておもちゃをつかみ、もち上げてみせてくれます。まだハイハイができなくても、いつのまにか体の向きが90度変わっていて、こちらを向いているでしょう。

社会的微笑

⑥新しいエネルギーの誕生と乳児期後半への飛躍的移行

　この3か月と5か月の間の、生後4か月頃には、仰向けだけでなく縦抱きにしても、じっと相手を見て静かに笑いかける「人知りそめしほほえみ★3」といわれる微笑がみられます。縦抱きは、本来は「乳児期

後半」の姿勢です。重力の抵抗があることで、生後3か月頃であれば活動がなりをひそめてしまうのですが、生後4か月を超えてくると縮抱きやお座りの姿勢であっても、相手にほほえみかけたり、みつけたものに手をだそうとしたり、聞こえた音に反応してそちらを見たりして、エネルギッシュに活動します。

4か月頃には、じっと相手を見る

　聴覚、視覚、触覚などのさまざまな感覚が統合され始め、6〜7か月頃からの「乳児期後半」の生活を可能にする準備ができたということでもあります。

２．乳児期後半の発達と共感する力

①世界を探索する力の発達

　寝返りやハイハイ、お座りやつかまり立ちなどで位置の移動や姿勢の変更が自由にできるようになる全身運動の発達、みつけたものを手でつかんで口にもっていったり、もち替えたりできるようになる手指操作、そして目の前からなくなったものでも（どこに行ったんだろう）ときょろきょろと探してみつけだすことができる認知の力、その際に相手の視線を（これでいいの？）と参照できるようになる対人関係の力。このようなさまざまな能力が連関して、「世界を探索する」力が獲得されていきます［図表2-1-2］。乳児期後半の3つの段階は、この世界を探索するための窓、すなわち「外界との結び目」が1つ、2つ、3つと増えていく段階です。

②第1の段階（生後7か月頃）

　生後7か月頃の赤ちゃんは、お座りが安定してくるので自由になっ

★3　田中昌人『乳児の発達診断入門』大月書店、1985年

2 ● 子どもの発達と言葉

[図表2-1-2] 乳児期後半の発達段階と世界を探索する力、人と関わる力

	姿勢・運動	手指の操作	探索	聞く力と喃語[★4]	人との関わり
第1の段階 (7か月頃)	寝返り、座位飛行機の姿勢、後ずさり、旋回→ずりばい。	熊手状の把握[※1]、ワンタッチで口へ運ぶ、もち替える。	空間をとらえる(見比べてから相手を見る)。	さまざまな喃語。	初期の人見知り。知っている顔と知らない顔がわかる。
第2の段階 (9か月頃)	足を投げだして座る長座位。 よつばい、つかまり立ち。	「もつ-離す」ができ左右交互に散らかす。 小さいものには人さし指から接近。	ひもをもって引っ張る、器の中からものを取りだすなど異なる部分の操作ができる。	「パパパパ」「マンマンマン」など繰り返す喃語。	激しい人見知りと愛着形成、後追い。行動の前後に大人の顔を参照する。
新しい発達の原動力の誕生 (10か月頃)	伝い歩き、一瞬の独り立ち。 目的をとらえ行きたいところに行く。	くっつける、入れる、渡す、乗せるなどの定位的調整。	手指を使って探索し、それを相手と共有する。 目の前からなくなっても探す。	音や動作を模倣する。 「チョチチョチ」「アリガト」「バイバイ」などの言葉を理解し身振りができる。 声や手差しで感情や要求を伝える。 親しい人(第2者)と対象(第3者)を共有する三項関係の成立。	
第3の段階 (11か月頃)	たかばい、ものをもって移動。 臥位⇔座位⇔立位が自由にできる。	定位操作、指先を使ったピンチ把握[※2]。	高さ、深さを超えて探索行動、相手と共有する。自分からも要求する。	はっきりと対象を示す指差し(要求の指差し)。 「マンマ」「ナンナン」などが場面と結びついて発声される。 名前をよばれたのがわかる。	
飛躍的移行期 (1歳〜1歳6か月頃)	歩行開始、直立2足歩行ができる。	パズルをはめる、積み木を積む、絵を描く。	違いを見分け選びとる。	喃語から言葉へ。 意味をもった言葉の使用。1語文。自我の誕生。	

※1……掌と5本の指を使ってかきよせるようにつかむこと。
※2……親指と人さし指の指先を使ってつまみ上げること。

た両手を使って、目の前のおもちゃなどをわしづかみにし、口にもっていって感触を確かめます。丹精込めてつくった離乳食であっても、

[★4] 喃語とは、前言語期の赤ちゃんが発する意味のない声のことだが母音のみのクーイングと区別し、生後5〜6か月以降に子音と母音を組み合わせてだす声のことを指すことが多い。

あっという間に皿ごとひっくり返されてしまいます。世界を探索するための窓口、外界との結び目はまだ1つです。

この頃から、親しい養育者との密接な関係が深まって（「『愛着』の形成」[→第3章を参照]）、後追いや人見知りが始まり、生後8〜9か月頃が一番激しくなります。泣くほど怖いなら見なければいいのに、保護者の腕のなかや担任の先生の膝の上から身を乗りだして、わざわざ確かめるように知らない人をじっと見て、また腕のなかに戻ります。新しい世界と出会う冒険にでるには、「安全基地」が確保されていることがどうしても必要なのです。

③第2の段階（生後9か月頃）

生後9か月頃になると、「外界との結び目」は2つになり、両手でそれぞれにおもちゃをもつことができます。器と、器の中に入っているものが区別されて、中身を取りだすことができます。「もつ―離す」操作が上手にできるようになるので、ティッシュペーパーなどを左右交互に次から次へと引っ張りだして放り投げ、遊びます。指先が少しずつ上手に使えるようになり、人さし指でボーロのような小さいものをちょんちょんとつつきます。

「メッ」と叱られるとわかるようにもなる時期ですが、まだ叱られている意味はわかりません。大人からみると「いたずら」でも、子どもにとっては大事な発達の一場面です。この頃になると、ただ「泣く」だけではなく、「あっあっ」と声をだしたり行きたい方向やほしいもののほうに「手差し」をしたりします。

④第3の段階（生後11か月頃）

臥位(がい)から座位(ざい)、座位から立位、伝い歩きをして、また座位へと姿勢の変化が自由にできるようになります。ハイハイや伝い歩きで位置の移動が自由になり、いいものをみつけると目的をとらえた移動を繰り返し、高さや深さをものともせず、探索して遊びます。外界との結び目は3つになっています。

[図表2-1-3] 三項関係

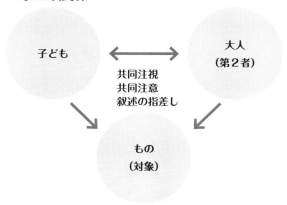

⑤ものを媒介とした共感する力の発達

　この第2と第3の段階の間である生後10か月頃には、乳児期後半の新しいエネルギーとなるつながりが生まれてきます。器からだすだけでなく「入れる」「渡す」「のせる」「はめる」など、位置をねらい定めてものを操作することができるようになり、「ちょうだい」に対して（どうぞ）とおもちゃを渡すもののやりとりもできるようになります。ほしいものに直接手をだす「手差し」から、少し離れたものを人さし指で指す「指差し」に変わります。大人に抱っこされるなど同じ方向をむいているときに、同じ対象を見る「共同注視」や、「指差し」たものを媒介として第2者が交流する「共同注意」、対象を人さし指で「指差し」してから相手を見る「叙述の指差し」が成立してきます［図表2-1-3］。

　これらが、子どもが相手（第2者）と対象（第3者）を共有する「三項関係」の成立であり、言葉を使ったコミュニケーションの土台となる力です。逆にいえば、「三項関係」が成立しないと言葉によるコミュニケーションは成立しません。この頃、人見知りがまったくみられない、指差しをしない、目が合わず一人遊びばかりしているなど、コミュ

ニケーションが成立しにくい場合には、子どもの興味に寄りそいながらていねいに人と関わる力を育てていく取り組みが必要になります。

3．1歳頃の発達の質的転換期と「言葉」の獲得

①語彙の増大と認知の発達

　「ナンナンナン」「マンマンマン」と同じ音節を繰り返していた喃語も、歩き始めの１歳前後にはきちんと意味と結びついて「マンマ」などの「初語」としてでてきます。大人からの「ワンワンはどれ？」といった言葉での質問に対して、「応答の指差し」で答えるようになります。そこでは「指差し」や「視線」「発声」の機能が連動し、コミュニケーション手段として明確に使用されるようになります。

　１歳台のはじめは、たとえば動くものはすべて「ワンワン」だったのが、１歳半頃を過ぎると「ワンワン」じゃなくて「ニャンニャン」、「ニャンニャン」じゃなくて「ブーブー」というように、違いがわかって語彙が爆発的に増大してきます。これはたとえば、はめ板（パズル）で、○と□の違いを見分けて適切に入れることができるようになるなど、認知面の発達によるものです。

②発達の質的転換と自我の誕生

　１歳半頃は、発達の質的転換期といわれます。この時期は個人差や個人内での機能連関の得意不得意はあるものの、「直立２足歩行」、自由になった手を使った意図的な「道具の使用」、概念と結びついたシンボルや「言葉」によるコミュニケーションが獲得されます。人類の進化の歴史においてもサルと人との違いを決定づけた大きな節目です。

　同時に「自我」が誕生し、自分の思いと違うとかんしゃくを起こします。１歳の後半になると、「○○ちゃんの！」「○○ちゃんが！」と自己主張をするようにもなりますが、それは要求を態度や行動で示すだけでなく、つたないながらも話し言葉を使って相手と交渉しようとする姿の芽生えでもあります。

保育所での1歳後半児の集団においては、保育者の一斉指示が入るようになり、「お散歩に行くよ」「給食だよ」「トイレに行こうか」などの声かけによって、集団で一斉に動くことができるようになります。

2　幼児の発達と言葉の役割

1．幼児期の発達と「言葉」

幼児期の発達段階と言葉

1歳半頃に発達の質的転換を遂げ、幼児期に入った子どもたちは、さまざまな具体的な経験を積んでいきます。ここでは主に、就学前までの発達連関と言葉によるコミュニケーションの育ち、そして新しいコミュニケーション手段としての書き言葉（文字）の獲得までを学びます。

2．2歳頃の発達と「伝わる」楽しさ

①言葉の発達

1歳後半から2歳頃にかけて個人差はありますが、最初は単語だけだった「1語文」が、「マンマ、食べる」「お外、行く」など文法構造をもった「2語文」になります［図表2-2-1］。

2歳台になると、「ワンワン」「ブーブ」「ママ」「パパ」などの名詞だけではなく、「大きい―小さい」、「赤い―白い」といった、2次元の対比的な特徴をとらえた形容詞の理解もすすみます。また、「おはよう」「バイバイ」などのあいさつや、「貸して」「入れて」「ジュンバン」「ありがと」「ごめんね」などそれぞれの場面にふさわしい言葉を覚え、使えるようになります。

②豊かな経験と表現の発達

生活や遊びのなかでさまざまな体験をすることによって、（こうい

[図表2-2-1] 幼児期の発達段階と言葉

	運動	手の操作	認知	対人・言語	社会性・自我
第1の段階 （1歳頃）	2足歩行 走ったり飛び降りたりできる。	スプーンや鉛筆など道具が使える。	「〇〇デハナイ、〇〇ダ」と違いがわかって選びとる。	1語文 「〇〇ちゃんの！」	自我の誕生
第2の段階 （2～4歳頃）	ケンケン、体操などさまざまな運動ができる。 身辺自立（3歳頃）。 なわとびやブランコができる（4歳頃）。	左右の手の役割分担、ボタン止めなどができる。 閉じた〇が書ける（2～3歳頃）。 □が書ける（4歳頃）。	2次元の縦と横のある構成ができる（2次元の形成）。 一度に2つの操作をする「〇〇シナガラ、〇〇スル」。	自他が分離し、モデルと同じことができる。 2語文→文章になり、友だちと言葉を使ってコミュニケーションをする。	自我の拡大（2歳頃）。 自我の充実と第1次反抗期（3歳頃）。 自制心の芽生え（4歳頃）。
新しい発達の原動力の誕生 （5～6歳頃）	細かい体の制御、行動の制御ができる。	△や斜めの線が書ける。 後ろむきや横むきの人物画が描ける。 文字や数字が書ける。	3次元の空間認知、時間経過、多価的な評価ができる（〇×評価からの脱出）。	友だちの意見を聞き、話し合いができる。 理由が説明できる。 根拠がわかって数を操作できる。	ルールがわかって集団遊びや集団行動ができる。 自己形成視（→43頁を参照）

（注）第3の段階は小学校低学年頃、飛躍的移行期は9～10歳頃とされ、思春期・青年期・成人期へとつながっていく。

うときは、こうするの！）（こう言えばいいの！）というパターンをどんどん学習する2歳児は、毎日のように新しい言葉を覚え吸収していきます。「まぶしいお日さま」「緑の葉っぱ」「涼しい風」「土の匂い」「冷たい水」など、豊かな自然のなかで五感をいっぱいに使って遊び、絵本やお話、歌やリズムなど、さまざまな文化財にふれる環境も用意してあげたいものです。それらの豊かな実体験が、大好きな友だちや大人との関係のなかで「言葉」や「イメージ」として共有されて、そしてまた言葉や絵、動きとしても「表現」されていきます。

描画では、1歳頃のなぐり書きが1歳後半にぐるぐる書きになり、

2歳の終わり頃には○が描けるようになります。たくさんの○を描いて、それぞれに「おいも！」「○○ちゃん！」「おばけ！」などと命名しますが、描いたあとに何を描いたか聞くと、描く前に言っていたことと違っている場合があります。それも拾って書きとめておくと大切な記録になります。自由な「表現」を友だちや大人と共有すること、イメージが「伝わった」という楽しさを共有することが大切です。

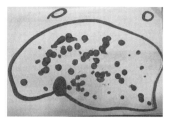

たくさんの○による「ブタちゃん！」

ただし、2歳台は言葉が通じるようでまだ通じない、「ややこしい」時期でもあります。1歳後半から2歳前半にかけて自我が拡大してくると、特に家庭で大人と1対1で過ごしている場合など、大人からの指示に対してはとりあえず「イヤ」と言ってみるような、「強情」さがみられるときもあります。3歳に近づくと落ち着いてくるものですが、この時期は親子が追いつめられないよう、密室育児にさせない工夫が虐待予防としても求められます。

では、親子が追いつめられるときとは、どのようなときのことでしょうか。事例1をみてみましょう。

事例1　2歳6か月風呂あがり
母「パンツはいてねー」
子「ヤダー！」
母「おむつ？　パンツ？」
子「ヤダー！」
母「こっちのパンツにしようか」
子「ヤダー！」
母「こっちの足にはくのかなー？」
子「ヤダー！」

母「あたまにかぶるのかなー？」
子「ヤダー！」
母「ママ着ちゃおっかなー」
子「ヤダー！」
母「姉ちゃんにはいてもらおうか？」
子「ヤダー！」
母「どうすんの？　はかないの？」
子「ヤダー！」
母「しょうがない、おむつはこうか」
子「ヤーダーッ！！！」
やっとはいたと思ったら、次はシャツ……。

　上の事例1で子どもは、パンツをはきたくないわけではないのです。ヤダと言いたいだけなのです。ほかにも、トイレに行きたくて前をおさえてふるえている2歳児に「トイレ行こうか？」「ヤダー！」と言うこともあります。このようなとき、脱力してつい笑ってしまいます。
　ただし、肩の力が抜けるのはユーモアのセンスをもって笑いあえる大人の相手がいるときです。1対1ではそうはいきません。親子が追いつめられないよう、保育者の役割が重要なのです。

3．3歳頃の発達と「会話」の成立

①記憶力や語彙の増大

　3歳頃は「姓－名前」「男－女」「2歳－3歳」がわかって、フルネームでの自分の名前や性別、年齢が言えるようになります。お誕生日には、「3歳になった！」という誇らしさでいっぱいの「うれし恥ずかし」という独特の表情をしています。
　この頃になると記憶力や語彙が増え、「会話」のやりとりが成立するようになります。「おなかがすいたらどうする？」といった、今現

3歳のお誕生日

どろ遊び

在の状況ではない仮定の設定を理解し、「ご飯を食べるの」と答えることができるようになるのです。助詞の使い方もだんだんと間違いが少なくなり、文章も長くなっていきます。友だちと身近な生活場面や絵本などのイメージを共有した「ごっこ遊び」も盛んになり、おもちゃや積み木、水や砂などの素材を使って、場面や会話を再現して楽しみます。

2次元の対比的な認識についても、「好き－嫌い」「縦－横」「うち－そと」「2個－3個」といったさまざまな概念を理解するようになり、生活のなかで使用していきます。「こうしたら、こうなる」「○○だから、こうなった」といった、2つの事象の時間的な経過のつながりや因果関係などもわかってくるようになります。生活のなかでは「なんで？」「どうして？」を頻発して、さまざまな知識を自分のものにしていきます。

②処理能力の発達

3歳の前半では、一度に2つのことを覚えたり、同時に実行したりすることはまだ難しいのですが、3歳後半～4歳になってくると、それもできるようになります。記憶力の増大によって、「お道具箱にはさみをしまって、代わりにクレヨンとのりをとってくる」など一度に複数の指示を出されても、指令の内容を最後まで覚えていて、行動に移せるようになるのです。「○○しながら、○○する」、一度に2つのことを処理できる力の芽生えです。

また、全身運動における重心移動や手先の巧緻性が増すため、「片足を上げながら前に進むケンケン」や、「傘を垂直に保持しながらさして歩く」こと、「ドアノブを回しながら押し開ける」動作、「鬼の動きを見ながら逃げる鬼ごっこ」や、「角を合わせた折り紙がずれないように折り目をつけ

傘をさして歩く

る」ことなど、2つのことを同時に実行することもできるようになります。

　左右の手の役割分担もできるようになるので、たとえばボタンを片手で保持しながら、もち替えて服の穴に通すことができるようになります。また、(おしっこがでそう)(おなかが痛い)などの内臓感覚がわかって、言葉で表現できるようにもなり、身辺自立がすすみます。おはしも3歳頃から使用し始める園が多いようです。

　なお、発達障害などが疑われる場合で、注意力が散漫だったりワーキングメモリーの容量が低かったりする子どもに対しては、全体への一斉指示のあと個別に1つずつ指示をだしたり、視覚的な手がかりを使って、指示が全部聞きとれなくても見ればわかるような工夫をしたりすることが必要な場合もあります。

③描画力の発達

　この頃の描画は、縦と横の組み合わせで十字が描けたり、○のなかに小さい丸や線を組み合わせることで人物画が描けるようになったりします。3歳台には、頭部から直接、棒状の手足が伸びる「頭足人」の絵が出現していきます。

頭足人

4．4歳頃の発達と言葉の役割

①思考力の発達

　4歳頃になると、指示されたことや目に入ったことにすぐに飛びつくのではなく、やる前にゴールをイメージし、段取りを考えるようになります。それ以前は「こうだからこうなって……」とブツブツとひとりごとを言いながら行動をしつつ考えていましたが、それを声にださずに頭のなかで事前に考えられるようになるのです。ヴィゴツキー[★1]はこれを、言葉によって思考する「内言」といい、それに対して外に発言する言葉を「外言」といいました（→第4章を参照）。3歳児には「内言」がないので、考えていることはすべて話し言葉（ひとりごと）として漏れでてしまっていたのです。

②2次元の対比的な認識の理解

　2次元の対比的な認識においては、「よい－悪い」「できる－できない」など社会的な価値の評価を含む概念の理解がすすみます。ただし4歳頃は、まだ○×評価から抜けだすことができないこともあり、何かをしようとするときに「できない＝ダメ」な自分から逃れられず、突然キレて暴れたり、ふざけてみたり、固まって動けなくなってしまったりすることがあります。

　自分のもっている知識と他者のもっている知識が違うものだということがわかって、他者の視点を推測することができるようになっているのですが、それは他者からの評価の視線がわかるということでもあります。他者の目を意識するようになると、少し自信がないときに、「できるかな、できないかも……」と気持ちが揺れ、葛藤するようになるのです。

　つまり、3歳頃の「反抗」とは違い、やらなくてはならないことを

★1　レフ・ヴィゴツキー（1896～1934年）は、旧ソ連の心理学者で、言葉を「内言」と「外言」に区別する考えを唱えた。

葛藤している4歳児

頭ではわかっているのです。「でも……」と自分の気持ちと他者の評価の目とのはざまで葛藤している4歳児には、「なぜできないの」という叱責や詰問、人格否定ではなく、本人のしんどさに寄り添いながら、子どもの力を信じて待つ温かなまなざしと励ましを与えたいものです。

「できないかもしれない、けど、やってみようかな」と自分の行動をコントロールして一歩を踏み出すには、大人との信頼関係と、大好きな仲間たちとの魅力的な活動体験が必要です。大人の都合に合わせて「我慢」させるのではなく、やってみようと思えるよういかに魅力的な保育内容を用意していくか、どのように一人ひとりにていねいな支援を入れていくかが大切です。

③描画力の発達

4歳後半頃は、早い子どもなら文字や数字への興味もでてくる頃で、個人差はありますが、1字ずつ読める子もでてきます。描画や塗り絵では、枠を意識しながら色を塗り分けたり、迷路やなぞり絵などでは、はみださないように線を引いたりすることができるようになります。△や曲線など斜めの線に挑戦し始め、文字を「書く」ことへの準備がすすみます。

5．5〜6歳頃の発達と「書き言葉」の獲得

①3次元の空間認知能力と時系列の理解

　5〜6歳頃の子どもは、2次元の対比的な認識の世界から、3次元の世界に入ります。空間的には、「大・中・小」、「縦・横・斜め」「前・横・後ろ」など3次元の空間認知ができ、数が1つずつ増える、1つずつ減るなどの系列操作もできるようになります。そして、時間の「昨日・今日・明日」「前・今・今度」「過去（小さかった頃）・現在・将来（大きくなったら）」が、時計やカレンダーの助けを借りつつ行き来できるようになります。

　積み木を5個ずつ使って、凸凹の塔とまっすぐな塔をつくり、子どもに「どっちが高い？」と聞いてみます。3歳や4歳のときには揺らいで「こっち」と答えていたのが、「5個と5個だからどちらも同じ」と根拠を示して、相手にわかるように理由を説明することができるようになります。

5つの塔

②多面的な評価と自己形成視

　5〜6歳児は〇×評価から脱し、「どっちも好き」「今は、それはいらない」「〇〇くん、いつもは乱暴だけど、電車のことよく知ってるんだよ」など、多面的、多価的な柔軟な答えができるようになります。

　クラスの集団としても、一人ひとりの子どもの多様性が大事にされることでまとまってきます。視点を変えた多様な評価ができるということは、相手の立場に立って理解することができることにつながり、トラブルを自分たちの力で解決しようとしたり、話し合いで物事を決めたりすることができるようになります。

　他者を多面的に評価する力は、自分を多面的に客観視できる力にも

[図表2-2-2] 部分と全体の構造

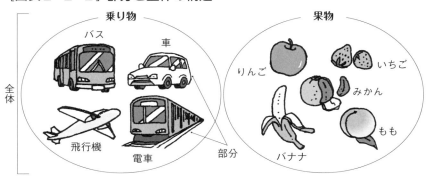

つながります。この頃、過去の赤ちゃんだった自分に比べて成長した自分がわかること、「大きくなったら○○になるんだ」というあこがれをもって、時間軸のなかで自分をとらえられるようになる、自己認知ができるようになることを自己形成視といいます。[★2]

③言葉や文字の理解の発達

全体と部分の関係がわかり、車、バス、電車、飛行機などの上位概念[★3]が「乗り物」といった構造がわかって分類ができるようになります［図表2-2-2］。また、「くるま」という言葉が音節分解して「く」「る」「ま」という3つの音からできていることがわかると、しりとりや文字の使用が可能になっていきます（→第5章を参照）。

ただし、文字が読めるようになったからといって、それがただちに「書き方の学習」につながるわけではありません。興味のない子、準備のできていない子に一斉指導でドリルをやらせ、何度も書き直させることで学習そのものが嫌いになってしまっては元も子もありません。それよりも、生活や遊びのなかで文字や記号にふれる機会をゆっ

★2 白石正久・白石恵理子『教育と保育のための発達診断』全障研出版部、2009年
★3 上位概念とは、たとえばりんごやみかんの上位概念が「くだもの」となるように、その言葉を含む総称的なものを指す。

くり準備し、その気になったときに学びを妨げない工夫が必要です。
　そもそも人類史における「文字」の機能は、「今、目の前にいない人とでも、時間や空間を超えてコミュニケートできること」です。おでかけ先で出会った人とのお手紙のやりとり。サンタさんや忍者、鬼や小人などファンタジーの世界の住人との創意工夫に満ちたメッセージのやりとり。自分たちの生活をカルタや歌にして表現する。話し合いのなかで覚えきれないアイデアをメモする（記録する）。文字を使うことに必然性をもった、わくわくするようなたくさんの実践があります。「文字」との出会いの機会を大人も子供も楽しみながら大切に準備してほしいと思います。

演習課題 ❷

事例研究・話し合いで決める

月に1度のお弁当の日。3〜4歳の子どもたちが縦割りグループになっておやつを決めています。スナックを選んだグループはおとなしく待っていますが、おせんべいか、チョコ菓子かで意見が分かれたグループはなかなか決まりません。

「アンパンマン（のおせんべい）！アンパンマン！」と先生の顔を見ながら叫ぶ3歳児、「○○はチョコがいいの！」と友だちを説得しようとする4歳児。なかなか決まらず、先生の助けでおせんべい派と、チョコ派で一列に並ぶと、せんべい9人、チョコ4人になりました。「おせんべいの人はいいかもしれないけど、チョコの人がそれでいいっていうか聞いてごらん。○分まで」とタ

イマーを示し、それぞれの思いを言いますが、決まりません。最終的に先生が、「では、時間ですので、人数の多いおせんべいで決めます」と伝え、当番の子に配ってもらいました。

最後までチョコと主張していた4人は残念そうですが、おせんべいを手にすると、友だちと見せ合い、次の先生の指示を聞いて動き出しました。

・・・・・・・・・・・・

- ■「話し合って決める」という場面での3歳児の行動、4歳児の行動について考えましょう。もしこれが5歳児だったらどうだったか、考えてみましょう。また、このような決めごとの際に先生がどのように声をかけるか、発達段階に応じた言葉かけや対応についても話し合ってみましょう。

アクティビティ ❷

課題　ピン・ポン・パン

　全員立った状態で、「ピン」「ポン」「パン」と、互いに相手を指名しながら、座っていくゲームです。

◆1回目
❶ 8人から10人程度のグループをつくって輪になります。
❷ 誰からスタートするか、決めましょう。
❸ まず練習として、時計回りに回しましょう。スタートの人から1人ずつ、隣の人をしっかり見て指差し、「ピン」と声に出して指名します。次の人は隣の人を「ポン」と言って指名します。その次の人は同じく「パン」と言って指名します。
❹ 1周回ったら、今度はスタートの人からランダムに「ピン」→「ポン」→「パン」と回しましょう。「パン」と言った人は座ります。
❺ 同じように、「ピン」→「ポン」→「パン」を繰り返し、残りが2人になるまで続けます。

◆2回目
　「ピン」→「ポン」→「パン」と回していきますが、今度は指差しをしないで回します。

◆3回目
　今度は、指差しをせず、声にも出さずに、「ピン」→「ポン」→「パン」と回します。

・・・・・・・・・・・・

■ このアクティビティを振り返り、感想を伝え合いましょう。
【振り返りのポイント】
● コミュニケーションツールとしての言葉、体の動き、アイコンタクトの力を実感することができたでしょうか。
● コミュニケーションには、何が大切なのでしょうか。

参考文献　神奈川県教育委員会教育局行政部行政課人権教育グループ『人権学習のための参加体験型学習プログラム集』2012年

3 前言語期のコミュニケーションと保育

この章で学ぶこと・・・
- 言葉が出る前のコミュニケーションと愛着について理解しよう
- コミュニケーションを促す具体的な活動について理解しよう

学びのキーワード

愛着　喃語　三項関係　探索　反射

1 言語獲得前のコミュニケーション

1．前言語期とは

　幼児が言葉を発するようになるまでの期間を「前言語期」といいます。前言語期の発達の過程と、コミュニケーションの基盤となる信頼関係である愛着の重要性を理解しましょう。

①生来備わっているもの（生後0か月〜）

　みなさんは、生まれたばかりの赤ちゃんに接したことがあるでしょうか？　赤ちゃんは小さくてかわいらしく、それでいて生命力に満ちあふれた輝きをもっている、そんなことを感じたことと思います。人間の赤ちゃんは、ほかの哺乳類に比べて1年早く生まれてくると考えられ、無力な状態であるといわれています[★1]。赤ちゃんは自力で生きることは難しいため、保護者の手を借りてこの世界への第一歩を踏み出すことになります。

　このように無力でありながらも、赤ちゃんはこの世界で生きていくためにさまざまなものを身につけて生まれてきます。たとえば、ミル

★1　アドルフ・ポルトマン、髙木正孝訳『人間はどこまで動物か──新しい人間像のために』岩波新書、1961年

[図表3-1-1] **主な新生児反射**

口唇探索反射	唇や口に何かがふれると口を開け、そちらに顔をむける。	お乳を飲む。
吸てつ反射	口の中に何かが入ると吸う。	
把握反射	手のひらに何かがふれると握りしめる。	姿勢のアンバランスや落下などから身を守る。
モロー反射	姿勢がくずれ頭がぐらっとしたり、大きな音がするとすばやく腕を広げ抱きついたりする。	
自動歩行反射	わきを抱えて歩行姿勢をとらせると、足を交互に出しひざを曲げる。	

[図表3-1-2] **感覚器官の発達**

聴覚	胎生24週である程度完成、母親の声の識別が可能、6か月までに音の高さ、強さ、リズム識別。
触覚	胎生7～8週から部分的に機能する可能性あり、出生時には完成。
味覚	胎児期後半には完成、甘味の弁別可能。
嗅覚	一番早く発達、出生時には完成。
視覚	出生時、目の前のものは把握が可能、3歳頃完成。

クを飲んだり、姿勢のくずれから身を守ったりする「新生児反射（原始反射）」［図表3-1-1］（→第2章を参照）や、生活を送るうえで必要な五感はある程度もっています［図表3-1-2］。

そのほか、ほほえむような表情（「生理的微笑」）をしたり（→第2章を参照）、保護者が話しかけると体を動かす反応が繰り返しみられたりするほか、目の前の人物の動きのまねをする反応（「新生児模倣」）が知られています。これらは約2か月で自発的なほほえみや模倣と入れ替わっていきます。

もともともっているこうした働きは、赤ちゃんと保護者の間に相互作用を引き起こしていきます。そして、双方の関わりのなかで保護者に親らしさ＝「親性」が徐々に芽生えていきます。

たとえば、赤ちゃんに自分の指をぎゅっと握られほほえまれたとき、保護者のなかには赤ちゃんを自分にとって大事なもの、かわいいものとして守りいつくしむ気持ちが生まれています。こうした気持ちに

は、みなさんも共感できるのではないでしょうか。これは、赤ちゃんを取り巻く多くの大人に共通する反応であり、赤ちゃんを自分たちのコミュニティの一員として喜び迎えようという気持ちを引き起こします。

② 応答的関わり（生後0～約4か月）

　赤ちゃんの生活リズムは不安定で、昼夜を問わず泣くことでおなかがすいたこと、ウンチが出て気持ちが悪いこと、気分がすぐれないことなどを伝えてきます。不快なことが起きたら子どもは泣き、保護者が世話をして快の状態に戻してあげるというやりとりが基本にあり、そのリズムや関わり方には親子によってさまざまな個性が表れます。

　保護者にとって、自分のおなかにいた赤ちゃんは、生まれると同時に自分から分離した存在になります。保護者は世話をし育てるために、わが子の訴えを理解しようと必死になり、そのプロセスのなかでより保護者らしくなっていきます。とまどいながらも子どもの世話にとりかかり、「おなかすいたの？」「抱っこしようね」など語りかけも始まっていきます。

　生後1～2か月頃になると、機嫌がよいときに「クーイング」といわれる「アー」「クー」のような、のどの奥からの柔らかい発声が聞かれるようになります。

　生後3か月頃以降は、のどを使った発声ができるようになり、やがては「パ」、「マ」、「ブー」などさまざまな音（喃語）が出るようになります。また、発声と同時に体全体で、はしゃぐように動く様子も見られます。乳児の聴力は、大人のようにさまざまな音のなかから必要な声や音を選別して聞くことはできず、静かな環境で2つの音の聞き分けができる程度にとどまります（Werner and Leibold、2010年[★2]）。この時期の子どもには、簡潔にゆっくりと語りかけることが大切です。

★2　Werner, L. A. and Leibold, L. J. "Auditory Development in Children with Normal Hearing". *Comprehensive handbook of audiology*, 2, 2010.

保護者は、高い声で独特の節回しをつけた語りかけ(「マザリーズ」「対乳児発話」)を行います。多くの保護者は誰に教えられたわけでもなくそうした語りかけをしています。たとえば、赤ちゃんが「アクン」と保護者のほうを向いて声を出すと、保護者は「ア、クン、アクン、ご機嫌だねぇ」、それに答えるように「アーウー」、「なーにー」……と歌うようにやまびこのような調子のかけあいが続きます。関連して、2か月児の発声には歌の要素(抑揚やリズム)が認められるともいわれ(志村・市島・山内、1996年[★3])、その後歌い方もメロディーやリズムが反復されるなど変化していきます。

　発声のやりとりだけでなく、表情や身振りも合わせた重層的なやりとりが行われます。そうすることで、親子のコミュニケーションが効率よくすすんでいくことを保護者は経験から学んでいるのでしょう。こうしたやりとりを繰り返すことで、赤ちゃんの気持ちを安定させることができ、赤ちゃんからの自発的なコミュニケーションが促されていきます。

③自発的コミュニケーション(約4か月以降)

(1) 体や言葉の発達

　生後4か月を過ぎると、視界のなかで動くものを目で追ったり、ものを口に入れたりするような動きも出てきます。大人には出せないほど高い音や低い音、長い音なども発声しては自分で聞いています。「ブー」「プー」などの子音+母音を盛んに発声します。

　保護者との関わりもさらに強くなり、横抱きでなくて縦抱きにしてほしい、おもちゃを見せてほしいなどの要望も伝えてくるようになります。

　6か月頃から「ママママ……」、「パパパパ……」、「ババババ……」など繰り返し、同じ音が発声できるようになり、7～11か月は子音が混じ

★3　志村洋子・市島民子・山内逸郎「一歳児の歌唱様発声」『信学技報告』1996年

り「ン〜ア」「アバ」など短いはっきりした発声が出てきます。また、それらの発声に対するまわりの表情や反応もよく見ています。

　その後1歳頃までは、身体運動の発達がめざましい時期を迎え、おすわり、ハイハイ、つかまり立ち、そして自立歩行ができるようになっていきます。行動範囲が広がり、手指の動きも向上して、ものをしっかり見て手で扱うことも徐々にできるようになっていきます（→第2章を参照）。

（2）コミュニケーションの発達

　この時期の子どもは、出会う人や場面によってさまざまな表情を見せるようになり、発声や動きの幅も広がり、大人のまねもするようになっていきます。

　生後5か月頃には、知っている人と知らない人の顔を見分け、ほしいものに直接手を伸ばす手差しが表れます。生後8か月頃には人見知りが見られます（「8か月不安」）。初対面の人が訪れると、意識して見ては泣き、離れた場所からも母親につかまりながらおそるおそるその人を見て、目が合うと泣くなどします。

　生後7〜8か月以降になると徐々に外界に目をむけ始めます。まわりの大人が指差しで何を示しているか理解できるようになり、指差しと発声が出てきます（→第2章を参照）。ものを介した大人とのやりとりができるようになるのです。

　お互いに同じものを見て、その情報を共有したり（「〜ね」「〜いるね」）、それを要求したり（「〜ちょうだい」）するということはコミュニケーションの前進であり、「三項関係」が成立したことを意味します（→第2章を参照）。そして新奇なものに出会うと、保護者の視線や顔をうかがい、「これは触って大丈夫か、ダメなのか」を確かめる「社会的参照」もみられるようになります。

3 ● 前言語期のコミュニケーションと保育

> **事例1　人見知りのAくん（生後10か月）**
>
> 　支援センターに母親と一緒に来たAくん。人見知りがあり母親の抱っこでじっとスタッフを見つめ、ちょっと緊張しているようでしたが、母親がスタッフと打ちとけて話をするうち、ほかの子どもやおもちゃが気になってまわりをきょろきょろ見まわします。お気に入りの毛布を片手にもち、ハイハイで電車などの動くおもちゃに接近し、「これいい？」というように一度母親を仰ぎ見ます。母親が「電車あったねえ、よかったねえ」とほほえみを返すと、安心したようにそのおもちゃに視線を戻して遊び始めました。母親が「がったんごっとん、がったんごっとん」と言うと、それに合わせて体を揺すり、ときどき声を出して喜びます。帰る時間になると、もっと遊びたいとぐずりましたが、「ちょうだい」とスタッフに促されるとおもちゃをスタッフの手に渡し、バイバイと手を振ることができました。

　このように、保護者が近くにいて、共感してくれることで、安心して新しい遊びに手が出せて、はじめての人とコミュニケーションがとれるようになります。

（3）コミュニケーションと言葉の定着

　生後10か月を過ぎると、「〜ちょうだい」（要求）、「〜あったよ」（定位）[★4]の意味で指差しが使われるようになります。簡単な指示の理解もできるようになり、（「ちょうだい」「どうぞ」）のやりとりや、身振りをともなうあいさつ（「ありがとう」「バイバイ」など）、体の部位探し（「お目々はどこ？」で目を指さすなど）や生活習慣のなかで使う身振り（手を合わせ「お手々ジャブジャブ」、ほおに手を当て「おい

★4　叙述ともいう。「〜あるね」「〜だね」と相手に伝える際、子どもは注視し指差す対象を相手と共有している。

しいね」など)をまわりと共有することもあります。上手にできると拍手を求める、うれしいと照れるなど気持ちが行動にあふれでます。そして、生後11か月〜1歳前後になると、たとえば「マンマン」「マー」などを「ママ」の意味で使うなど、発音は不明瞭ながら、はじめて意味ある言葉として一定の発音が出てきます(「初語」)(→第2章を参照)。その後も喃語や意味をもつ語が入り混じって出てきますが、保護者はそれらを言葉として受け取り、ほめてやったりまねをしたりします。すると、子どもは繰り返し同じ言葉を発するようになり、そのような言葉から徐々に定着していきます。また、聞く力も発達してきます。さまざまな音のなかから聞きたい音(言葉)を選び、注意をむける力は、会話をするうえで必要不可欠です。生後9か月〜1歳の時期にいろいろな音を聞く体験をすることで、この力を伸ばすことができます。

そして1歳頃には、大人の話を集中して聞くことができるようになるといわれており、「お話」や「読み聞かせ」を通したコミュニケーションがより有意義なものとなってきます(サリー・ウォード、2001年)[5]。

聴力に関しては、もともと聞きにくさや左右差をもつ子どももいます。しかし、幼児期後半(5〜6歳)になってもそれを自覚できず、いつも話を聞いていないと言われて自信をなくしたり、いらいらして落ち着かないなど情緒不安定になったりすることもあるので注意が必要です(バンディー・レーン・マレー、2006年)[6]。

④愛着

これまで、乳児期のコミュニケーションの発達をみてきました。みなさんは、この時期は乳児が保護者と1対1の関係のうえに原初的なやりとりが育っていくことを理解できたことと思います。ここでは、

---

[5] サリー・ウォード、汐見稔幸監修『語りかけ育児』小学館、2001年
[6] バンディー, A. C.・レーン, S. J.・マレー, E. A. 編著、土田玲子・小西紀一監訳『感覚統合とその実践 第2版』協同医書出版、2006年

その基本的信頼関係＝「愛着」に的をしぼり、その重要性を理解しましょう。

「愛着（アタッチメント）」とは、特定の人との信頼関係、絆のことであり、気持ちのやりとりが密接に行われる関係を指していいます。愛着は、コミュニケーションの基盤であるとともに、生涯にわたる発達において重要な意味をもっているといわれています（Bowlby, John、1969年[7]）。

安定した愛着が保護者と築けた場合、その後も安定した信頼関係を他者と結ぶことが多いようですが、愛着が未熟で不安定だった場合は、その後も類似した関係をもってしまう傾向があります。そうした場合には、情緒は不安定になりやすく、精神面や社会性、コミュニケーションの発達にも影響を及ぼします。だからこそ、初期に構築される愛着は安定したものであることが大切なのです。

事例2　生後1〜2か月のAくんと母親

生後1か月のAくんは、お昼寝のあと目が覚めて、もぞもぞしていました。そのうち声が出て、抱っこされると母親の顔をじっと見つめています。柔らかな雰囲気のなかでAくんがたびたび笑顔になり、母親もそれを受け入れるようなほほえみを浮かべていました。

生後2か月になると、バウンサーの上でご機嫌で手足を盛んに動かします。1か月前と比べ、少し離れた位置から母親を見て反応しています。いろいろな声を出していましたが、途中で泣き声に変わると母親が「どうしたの〜？」「そうか、おっぱいほしかったね」と抱き上げてあやし、授乳をしました。しばらくあとには、

---

[7]　ジョン・ボウルビィは、イギリス出身の医学者、精神科医、精神分析家で、精神分析学や児童精神医学を専門とし、愛着理論を提唱している。
Bowlby, John *Attachment and Loss*. Basic Books, 1969.

また笑顔が出て「アー、ウー」と発声しています。

生後1か月　　　　　**生後2か月**

※生後2か月、信頼関係が築けたことで、母親から少し離れた距離でも子どもは安心している。

　では、愛着の形成について順を追ってみていきましょう。
　生後3か月までは、特定の対象にしぼることなく、どの人に対しても泣いたりほほえんだり声を出したりします。その後6か月頃までには、よく関わる対象である保護者にむかってそうした行動をとるようになります。それ以後、明確に対象をしぼり自分から関わるようになっていきます。それにともなって人見知りも表れます。
　愛着行動としては、次のようなものがあげられます［図表3-1-3］。
　前述の通り、新生児期から保護者とのコミュニケーションのきっかけをつくり、気持ちがつながることを強化するようなしぐさや表情によって、保護者側もそれに呼応するようにこまめにスキンシップをとり、声かけをするなど寄り添う反応を繰り返していきます。その過程のなかで親子間の相互関係はゆるぎないものになっていきます。
　愛着形成においては、情緒的な共感や反復的な呼応が特に大切な要素です。つまり、不快なときには嫌な気持ち、快のときには安らいだ気持ちを共有します。たとえば、おむつ交換のときには、「嫌だったね、気持ち悪かったね」、交換が終わったら「きれいになってホッとしたね、よかったね」と気持ちを調整する語りかけをすることが欠かせないの

[図表3-1-3] 愛着行動

定位行動 (0〜6か月)	声や物音から親のいる場所を探す。
信号行動 (0〜6か月)	泣いたり、発声したり、笑ったりしてみせることで相手の注意をひきつける。
接近行動 (6か月〜)	お乳を吸う、接近する、しがみつくことで相手との接近を維持する。

です。その働きかけにはスキンシップや表情、身振り手振りも含まれます。

2 コミュニケーションを育むための働きかけ

1. 保育現場での関わり方

①信頼関係づくりに有効な活動

保育現場でも子どもと基本的信頼関係を構築することからコミュニケーションが始まります。

以下に示したのは、コミュニケーションの土台＝信頼関係づくりに役立つ遊び・活動例です［図表3-2-1］。

[図表3-2-1] 信頼関係づくりに役立つ遊び・活動例

(1) 手遊び歌、わらべ歌	スキンシップをとる・繰り返す動作や音で楽しさを共有する。
(2) 抱っこでダンス	抱っこでゆっくり揺らす・回転する。
(3) ベビーマッサージ	スキンシップをとり、情緒の安定を図る。
(4) まねっこ遊び	子どもの動きや表情、発声をまねして、呼応を楽しむ。

それでは、詳しくみていきましょう。

(イ) 手遊び歌、わらべ歌

使用曲	「いないいないばあ」、「一本橋」、「パン屋さん」、「ペンギンさんの山登り」、「いとまきの歌」、「おつかいアリさん」、「きらきら星」、「雨雨ふれふれ」、「おふねはぎっちらこ」「がたがたバス」など。 リズミカルなものやペンタトニック（五音）、繰り返しのフレーズが含まれるもの、反復する動き・ビート感が感じられるもの。
方法	歌唱だけでなく手遊び、感覚遊び（触覚・揺れ刺激・ロッキングや方向転換）、リトミックなど　1対1～集団の活動を行う。 歌は、声とピアノやギターなどによるシンプルな伴奏（メロディーのみ・コードのみ）、録音よりも生演奏が効果的。

(ロ) 抱っこでダンス

使用曲	「ゆりかごの歌」、「ぞうさん」、「ユモレスク」（ドヴォルザーク）、クラシックの子守唄などおだやかな曲調（ゆったりとしたテンポとハーモニー）の曲（歌詞があってもなくてもよい）。
方法	曲に合わせ、子どもを抱きながらゆっくりとダンスを行う。抱き方は子どもの発達状態に合わせ、横抱きでも縦抱きでもよく、向き合って目が合うようポジションを調整する。表情を見ながら動きを加えていく「子どものみを揺するのでなく、体を密着させて保育者の体を軸として一体化したロッキング運動をする」。揺れ幅は小さめに前斜め、後ろ斜め方向を変えてみる。ときどきゆっくりと回転する。

(ハ) ベビーマッサージ

使用曲	オルゴール、ピアノやギター、自然の音などが含まれるおだやかな曲調のもの（音楽はなくてもよい）。
方法	BGMは音量をしぼってかける。照明を落としカーテンで遮光、室温を調整する。雑音、騒音はなるべく入らない静かな環境で行う。音楽のはじめと終わりは唐突に途切れることがないよう、CDプレイヤーでフェードイン、フェードアウトの操作をする。子どもに「これから身体を触るよ」と話しかけながら、頭頂から足のつま先に向かって、体幹から末端、背面から前面に向かって、（顔面など敏感な部分は様子を見ながら）、一定の圧をかけながらゆっくりとマッサージする。「○○ちゃん、気持ちがいいね」などとやさしく声をかけ、表情や反応を観察しながら行う。なお、着衣の上から行ってもよい。

※エアーズ（1982）によると皮膚表面を軽くタッチするよりも、深部に届くように強めに押していくほう（深部圧覚）が快刺激とされる。手のひらの届く範囲を押し、そのたびに手を離してずらし、繰り返すほうが心地よいといわれている。

(二) まねっこ遊び・逆模倣（子どものまねをする）

表情		あかんべ、あっぷっぷ、笑顔、泣き顔など。
声	語尾	いないいない「ばあ」、どっこい「しょ」、よ～い「どん」など。
	鳴き声	（怪獣やライオンをまねて）「があ～」、ぶた「ぶ～」、犬「わんわん」など。
	擬音・擬態語	泣き声「え～ん」、車「ぶーん」。 （おしまい）「ちゃん、ちゃん」、「ばい、ばい」、「ない、ない」など繰り返す音、ものが落ちて「あ～あ～」「う～ん」（高低差、力が入ったり抜けたりする拍子のような音）など。
身振り		両手で顔を隠す（いないいない）、頬に手を当てる（おいしい）、手を振る（おーい、バイバイ）、両手を出す（ちょうだい）、かいぐり（くるくる、ころころ）、両手グーを合わせる（とんとん、こんこん）、両手パーを合わせる（ぱっちん、ぱちぱち）など。

活動例1：繰り返される音・言葉とリズムをつなげて、音・歌遊びを即興でつくってみましょう。そこに身振りを合わせイメージを共有してみましょう［(イ) 手遊び歌、わらべ歌］。

・沐浴のあとで、体をタオルでふく場面

　♪足を、「ふ～きふき」、反対も、「ふ～きふき」、腕も、「ふ～きふき」、おしりも、「ふ～きふき」で「ぽん、ぽん、ぽん」（仕上げ）

　♪ごしごしロックンロール★1

活動例2：物音や鳴き声をテーマにさまざまな音声を表現してみましょう。子どもの声や動作をまねしてみましょう［(ニ) まねっこ遊び、逆模倣］。

・♪ペンギンさんの山登り「ぺったんぺったん」、くま「のっし、のっし」、ねずみ「ちょろちょろ」

・鐘が「ご～ん……」（厳かで太く低い声、余韻　※音量に注意）、フィンガーシンバル「ちりりりん」（軽やかで短い高い音）

★1　「ごしごしロックンロール」（作詞作曲・白石ゆう子）。歌にあわせて、からだの部位を順にこする、歌あそびの一つ。応用して、さまざまな触覚教材（スポンジやブラシ）を用いたり、入浴・沐浴時に探索を促したりすることが可能（出典：城谷敬子・大上和成『必ずラポールが築ける50のリズム歌あそび』あおぞら音楽社、2009年）。

- ♪犬のおまわりさん
おまわりさんの心配そうな「ワンワン」「ク〜ン」
迷子の子猫ちゃんが泣いている、か細い「ミィ〜」「ニャ〜ン」、(再会場面を加えて、お父さんお母さんと再会できたときのうれしそうな元気で明るい「ニャン!」)

　保育現場では、子育て支援センターが併設されるなど、親子に対しての活動も展開されています。前述したものを応用してみましょう。
　また、そうした活動において、親子間の愛着形成が難しいケース(産後うつなどで精神面が不安定だったり、親子間のリズムがかみ合わなかったりするなど)に出会うかもしれません。その場合は、まず保護者の悩みを傾聴し受け止めましょう。そのうえで、モデルを示したり、具体的な関わりのポイントを助言したりして、保護者の努力を認めたり、励ましたりなどして円滑に親子間の関係・やりとりの基盤ができるような支援をしていきましょう。
　保護者が疲れやストレスを抱えている場合には、ストレッチやリラクゼーションの活動を取り入れたり、親子の絆がテーマの絵本や歌を取り上げたりして保護者の気持ちをほぐし、相談しやすい状況をつくりだす工夫をしてみましょう。

②コミュニケーション・発声・発語を促す支援
　この時期の子どもは、自分の気持ちや状況を言葉にして伝えることは難しいため、保育現場では保育者が一人ひとりを観察し、彼らの気持ちや状況を把握する努力を続けることが大切です。時には、特に理由が思い当たらないのに大声で泣きじゃくる子どもを目にするかもしれません。そんな場面では、そのままの姿を受け止め働きかけましょう。ふだんから、スキンシップをとったり話しかけたり、返事や発声のまねをしたりして安心感を提供し、徐々に信頼関係を築いていけるようにします。また、指示を出すときには、早い口調でたくさん話し

［図表３-２-２］聞くことや発声を促す遊びの例

どんな音？	水や小豆、鈴を入れたいくつかのペットボトルを振る・紙を破る・枯葉の上を歩く・小型の楽器を鳴らす・ホイッスルを吹く、トーンチャイム（振動、余韻、長い音の終わり、その後の静けさにも耳を澄ますなど。
言葉遊び （オノマトペ）	ボールを転がし「コロコロ」・放って「ポーン」・叩いて「ポンポン」・子どもを抱きしめて「ぎゅっぎゅっ」など。
せーの！ （よいしょ！）	かけ声に合わせた動作（押す、引く、出す、入れるなど）を一緒にする。
ふれあい遊び・手遊び歌	いないいないばあ・一本橋こちょこちょ・きゅうりが１本ありました・大型バスなど。 「ばあ」や「こちょこちょ」の前、「さあ、くるよ」というように視線を合わせて間合いをとる。
交互唱的な呼応を楽しむ遊び	「やまびこさん」、「お母さん」など。即興でも。 ヤッホー……「やっほ～」、お母さん……「なあに」 やりとりのきっかけづくりとして使用できる。

かけるよりも、おだやかな口調で感情が伝わるよう話しかけることがより効果的といわれています（日本赤ちゃん学会、2017年[★2]）。図表３-２-２に聞くことや発声を促す遊びの例を示します。

[★2] 日本赤ちゃん学協会編、小西行郎・小西薫・志村洋子『赤ちゃん学で理解する乳児の発達と保育　第２巻　運動・遊び・音楽』中央法規出版、2017年

２．探索行動の支援

　保護者との愛着が形成される約8か月以降には、保護者を安全基地として、興味をもった外界の対象に目をむけていきます。探索行動がスムーズに開始されるためにも、安心できる環境を整えることは大事なことです。人見知りや場見知りの強い子どもの場合には、緊張が強いためになかなか探索にこぎつけないこともあります。親子関係の支援をしながら、子どもに合わせた環境づくりと緊張をほぐす関わりが必要です。

　探索の様子について、前述1の③（2）（53頁）のAくんの例をみていきましょう。最初は保護者に抱っこされながら、興味のある人やおもちゃをみつけ接近を試みています。子どもは、おもちゃは気になっても、ちょっと不安になると頻繁に保護者のところに戻ってきています。そんな子どもに対し、保護者はゆったりと見守りつつ励まします。

　このような経験を重ねるうち、保護者側も子どもの興味を引く物事に関心をもち始めます。そして、より積極的にリードして楽しい場面では、子どもと一緒に笑い合ったり声をかけたりして、その場の雰囲気を長く保とうとするようになります。

　探索を促すためには、子どもが過ごす環境にも目を配る必要があります。保育所の室内は、十分なスペースがあること、雰囲気がゆったりとしていること、そして特に騒音がないことが望ましいといえます。音とその音源に注意をむけ始める時期（6〜9か月頃）には、静かな環境でそれぞれの音がはっきり聞こえるよう配慮することが大事だといわれているからです（サリー・ウォード、2001年[3]、日本赤ちゃん学会、2016年[4]）。

---

[3]　サリー・ウォード、汐見稔幸監修『語りかけ育児』小学館、2001年
[4]　日本赤ちゃん学会監修、小西行郎・志村洋子・今川恭子ほか編『乳幼児の音楽表現』中央法規出版、2016年

[図表3-2-3] 騒音の学校環境衛生基準と保育室の実際

学校環境衛生基準	閉窓時 LAeq（等価騒音レベル）50dB 以下、開窓時 LAeq 55dB 以下
保育室の実際（該当する音量）	自由な遊び時：70〜80dB（騒がしい街頭） 活発な遊び時：90〜100dB（列車通過時高架下の轟音） マーチングバンド練習時：110〜130dB（自動車のクラクション、杭打ち、ジェット機の離陸時の音量）

小西行郎・志村洋子・今川恭子ほか『乳幼児の音楽表現』中央法規出版、2016年の一部を改変して記載

　保育現場は集団生活の場であり、ほかの部屋からも絶えず音が行きかっている状況が多いですが、大音量を長時間浴びることで難聴になる可能性も指摘されているので注意が必要です［図表3-2-3］。乳幼児に聞かせる音は、55〜65dB（会話くらいの音量）が適切といわれています（アメリカ小児科学会）。他国では、保育現場の環境構造を整えたり、音量がコントロールされた打楽器が使用されるなどの試みがなされています。

3. 遊びのなかで自己表現を促す

　0歳後半になると、指示理解が進み、簡単な指示を聞いてお手伝いをしたり、身振り手振りのやりとりがスムーズになったりしてきます。それらに加えてリトミックや手遊び歌、自由遊びでは、身近な人や動物、生活習慣やお手伝い、季節などをテーマに、ジェスチャーや身振りをともなう、動きに合わせて声を出して楽しめる豊かな身体表現の活動を提供しましょう。そうした活動を通じて触覚刺激や運動などによって得られる揺れ刺激などが十分に経験できると、発達全体が促されていくといわれています（ジェーン・エアーズ[★5]、1982年）。

　さまざまなことに気づくきっかけが与えられる環境を整え、子ども

★5　ジェーン・エアーズは、アメリカの作業療法士で、さまざまな感覚を脳が整理する「感覚統合」に基づき、発達障害児の治療法を開発した。
　　ジェーン・エアーズ、佐藤剛監訳『子どもの発達と感覚統合』協同医書出版、1982年

たちそれぞれが自由に感じて表現できることをともに喜ぶことを大事にしたいものです。以下、そのような実践についてみていきましょう。

事例3　口や手で楽しむ生後9か月のBくん

　ブロック、なかでも丸い形のブロックが気になる生後9か月のBくん。遠くからハイハイでやってきて、ブロックをもち上げ、床の上に落としクルクル回るとうれしそうに笑います。「上手だね〜」と言われると保育者と目を合わせ満面の笑みがこぼれます。最近は、この遊びがお気に入りで繰り返し同様の遊びをしています。Bくんに対して保育者は「くるくる〜」「と〜ん、ころころ〜」、動作に乗せて「はいどうぞ〜」「ちょうだい」などとやりとりの言葉をかけており、Bくんはこれらの言葉を聞いています。また、保育者と目を合わせる瞬間に多くを共有しています。（言葉にすると）「イマノミタ？」「デキタ」のような視線の投げかけに、保育者は「うれしいねえ」と笑顔や身振りも交えて答えます。

事例4　トランポリンでゆ〜らゆら

　生後11か月のDちゃんは、室内遊びで出されたトランポリンを遠目に見ていましたが、保育者に抱っこされ乗ってみると揺れるので、最初はびっくり。表情もかたくなり緊張していましたが、まわりのお友だちがきゃっきゃとはしゃいでいるのを見て、Dちゃんもだんだん慣れて「ア〜」「ワ〜」と大きな声をあげ笑顔

> になりました。一度トランポリンから降りたのですが、近くでじっと見ています。保育者に「楽しいよ、おいで」と声をかけられ、今度は自力ではい上がり、おしりを使ってリズムよく体を前後に動かし、弾むように遊び始めました。

　これらの事例では、新しい感覚の刺激を受けることで、子どもたちの探索行動が広がり、遊び方も増えていく様子がわかると思います。また、子どもたちは遊びながら、保育者の言葉を聞いています。
　BくんやDちゃんは言葉をかけられているとき、保育者の表情や声の調子から「安心して遊んでね」、「私も一緒に遊べて楽しいよ」といったメッセージも受け取っています。これは「パラ言語」といわれ、乳幼児にとって雰囲気や状況を読み取るサインとなっています（日本赤ちゃん学会、2017年）。保育現場では、あわただしい場面も多いですが、子どもへの話しかけは、おだやかに気持ちを伝えるような調子で行いたいものです。
　これらのエピソードで、遊びのなかで子どもが主体的に相手と楽しさを共有したり、その楽しさを自発的に伝えたりしたいという気持ちが高まっていることをみなさんも感じたことでしょう。その高まりが発声や自発的コミュニケーションにつながっていきます。安心して自分の気持ちを表す発声、表情や行動がますます増えていき、そして自信や自己有能感を伸ばすことにもつながっていくのです。

演習課題 ❸

事例研究・言葉と文字の獲得

　子どもたちが言葉を使えるようになるには、どのような道筋をたどるのでしょうか。次の①、②について具体的な場面を考えてみましょう。

❶ 子どもは、どのようにして言葉と出会い、言葉への関心を深め、言葉を獲得していくのか。

❷ 子どもは、どのようにして文字と出会い、文字への関心を深め、文字を獲得していくのか。

・・・・・・・・・・・・・

■みなさん自身の子ども時代を振り返ってみましょう。
● 「幼児期の終わりまでに育ってほしい姿」の、

> (8) 数量や図形、標識や文字などへの関心・感覚
> 　遊びや生活の中で、数量や図形、標識や文字などに親しむ体験を重ねたり、標識や文字の役割に気付いたりし、自らの必要感に基づきこれらを活用し、興味や関心、感覚をもつようになる。
> (9) 言葉による伝え合い
> 　先生や友達と心を通わせる中で、絵本や物語などに親しみながら、豊かな言葉や表現を身に付け、経験したことや考えたことなどを言葉で伝えたり、相手の話を注意して聞いたりし、言葉による伝え合いを楽しむようになる。

を参考にしましょう。

アクティビティ ❸

課題 忙しい保育者

　隣同士でペアになり、それぞれ忙しい保育者と子どもを演じてみましょう。

◆その①
- ペアをつくり、先生役と子ども役を決めます。
- 先生は忙しそうに書類を見ています。子どもが先生に話しかけても、先生は子どもを絶対に見ません。「あぁ、そう」「ふーん、よかったね」などと、あいまいにうなずくだけ。それでも子どもは、発見したこと、びっくりしたこと、困っていることなどを一生懸命に話しかけます。
- 1分たったら終了です。

◆その②
- 先生は忙しそうに書類を見ています。子どもが先生に話しかけると、先生は仕事を止め、子どもをしっかりと見つめます。しかし、言葉は発しません。適度にうなずいたり、驚いたりしながら、表情豊かに対応します。子どもは、発見したこと、びっくりしたこと、困っていることなどを一生懸命に話しかけます。
- 1分たったら終了です。

・・・・・・・・・・・・

■ このアクティビティを振り返り、感想を伝え合いましょう。

【振り返りのポイント】
- コミュニケーションの2つの形態（言語的コミュニケーション、非言語的コミュニケーション）を体験していただきました。
- 1と2で、子どもの気持ちはどのように変化したでしょうか。
- 保育者は、子どもとのコミュニケーションに際し、どのようなことを心がけるとよいでしょうか。

4 話し言葉の機能と発達

この章で学ぶこと。。。
- 話し言葉を獲得していく経過と基本となる力について理解しよう
- 園生活のなかで話す力を育てる保育者の援助について理解しよう

学びのキーワード

話し言葉　　コミュニケーション力　　考える力
日常生活に必要な言葉　　一次的言葉と二次的言葉

1 「話す」ということ

1．日常生活に必要な言葉とは

「幼稚園教育要領」第2章「ねらい及び内容」より、領域「言葉」の保育内容のねらいにある「日常生活に必要な言葉」について考えてみましょう。

3～5歳の生活をイメージしたとき、どんな言葉が必要でしょうか。たとえば、次のような言葉や言い回しが浮かんできます。

① 「おはよう」「こんにちは」などの状況や場面・相手に合わせたあいさつ
② 「ありがとう」「ごめんなさい」など、人との関係をスムーズに行うための言葉（「貸して」「いいよ」「入れて」などもあります）
③ 「うれしい」「楽しい」「困った」など、自分の感情を表現する気持ちの言葉
④ 「ねこ」「チューリップ」「スイカ」「ご飯」などものの名前（語彙）
⑤ 「これ」「あれ」「あっち」など、指差しとともに使われることが多い言葉

> ⑥「○○したい」「○○がほしい」など、自分の要求や考えを伝える言葉

　まだまだ、ほかにもいろいろあるかと思いますが、これらはコミュニケーション力に関連する言葉ですし、④は知的な力に結びついていく言葉の群です。日常使われる言葉のなかに、さまざまな力を得られる要素があります。

2.「話す」ということ

　「言葉とは何か」という問いについては、さまざまな視点があります。中川は、「話し言葉と書き言葉という分け方があります。これに手話や身振り言語を加える場合があります」と述べています。また、「思考の道具としての言葉、コミュニケーションの道具としての言葉、人を動かす道具としての言葉、感情表現としての言葉に分ける場合がある」（中川、1986 年[★1]）という指摘をしています。

　また、言葉のメカニズムからいくと「Language」（言語：脳のなかで行われるさまざまなプロセスを中心とする話したいことの中身を、頭のなかで考えるための言葉）と「Speech」（音声言語：音声を手段として用いる言葉のことで、耳で聞くことができる言葉）に分けられます。

　この章のテーマは「話し言葉」ですが、話し言葉には話すことを通じてコミュニケーションが豊かになり、他者理解を深めることができる機能があります。話す＝対人関係というイメージをもつことが多いかもしれません。

　また、話すことをもとにして、言葉を思考の道具として使うことがあります。「これを折って、そのあとテープでくっつけて」など制作の際につぶやきながら廃材で車をつくったり、「忍者は横走りだよ」など、

★1　中川信子『ことばをはぐくむ』ぶどう社、1986 年

友だちと共通のイメージをもった遊びのなかで、見通しをもったりするなど、活動を見通し考える力が育ちます。ほかに対象を特定したり、難しいことに挑戦したりするときに、「よし！」「がんばるぞ」など、自分の行為を言葉で表すことにより、行動を調整する機能もあります。

コミュニケーションの機能は、伝えたい内容と聞いてくれる相手がいて、その三者関係のなかで成立する言葉のやりとりで成り立ちます。報連相（報告・連絡・相談）とは異なり、コミュニケーションでは、気持ちのやりとりが重要なのです。そのため、子どもの話したい内容を繰り返したり、整理したりしながら聞くなど、大人の共感的な応答性が子どもの話す意欲と話す力を育てます。また、大人と話すことで、知らない言葉への関心が高まります。子どもの言葉の力を伸ばす技法として、「ミラーリング★2」、「ダブル★3」などがあります。

事例1　祖父と映画に行った子どもの話を聞く

子ども：ジイジがね、ポップコーンを買ってくれたの。○○の人形がついていたんだよ。

祖母：そう、ポップコーンを買ってくれたの。おいしかった？

子ども：うん、おいしかったよ。ママと行くときはあんまり買わないよ。

祖母：そう、おいしかったの。よかったね。○○のお人形もついていたの？

子ども：そう、おまけで、特別だって。

祖母：そう、おまけで、特別なの。ジイジも気前がよかったね。

子ども：え？　気前って？　何？

祖母が子どもの言葉を繰り返し、少し言葉を加えています。繰り返

★2　ミラーリングとは、相手の言葉や行動をそのまままねること。
★3　ダブルとは、相手の言葉に少し言葉を加えたり、動作を加えたりすること。

しながら、「おいしい」「よかった」など気持ちを表す言葉を添えています。子どもにとって、知らない言葉に気づいていくきっかけにもなっている会話です。

3．話し言葉の発達

①話す言葉の理解（1歳児）

言葉を「話すこと」に焦点を当てて、話し言葉の発達について概観していきましょう。

第2・3章で確認したように、1歳のお誕生日の前後2か月ぐらいで、「ママ」「マンマ」など意味のある言葉を1つぐらい言うようになり、いろいろな音を発声し、人に伝えようとします。1歳6か月児健康診査の前後では、「ブーブ」「ワンワン」「クック」など意味のある言葉（有意語）を5つぐらい言うようになります。そして、2歳前後で「パパ　キタ」「オソト　イク」など、2つの言葉をつなげて話す（2語文）ようになるのが標準的な発達といわれています。

はじめて発する言葉らしい言葉（始語・初語）を発するのは、1歳前後ですが、言葉を発する前に話すことの基礎的な力が蓄えられています。この頃の子どもと周囲の大人とのやりとりでは、大人は下記のように応答的な関わりをしていることがわかります。このような、子どもの言葉の力を伸ばす対応法を「インリアル法[★4]」といいます。

1）大人は子どもの言った言葉を繰り返す
2）大人は子どもの発した音をまねして、そのまま繰り返す
3）子どもが何を言っているか明瞭でない場合は、想像し通訳する

この時期、大人が「おやつが終わったら散歩に行きましょう」と話していると、外を見て指差しをしたり、子どもが自分から帽子をとりにいったり、大人の言葉を「わかっている！」と感じることが増えます。

[★4] インリアル法とは、子どもに強制したり、誤りを指摘して訓練したりするのではなく、自然な遊びや生活のなかで、言葉の力を伸ばしていこうとする方法。アメリカのコロラド大学のワイズ博士らを中心に企画・実践された言語発達促進のためのプログラム。
In-Class, Reactive, Language Therapy. 中川信子『心をことばにのせて』ぶどう社、1990年

生活のなかで実際の行動と言葉が結びついていくのです。そして、「お外に行こうか」と聞くと、にこにこして体を弾ませます。大人の話す事柄がわかり、その事柄と言葉が一致していくことが言語理解の土台となります。

②体験に結びついた言葉の表現力（1歳半～3歳児）

　1歳半から2歳にかけては、自然に発する言葉が50を超え、特に2歳台には「言葉の華が咲く」といわれるほど、爆発的に語彙を獲得していきます。また、3歳を過ぎると言葉の理解の面では、日常の生活には困らないようになっていくといわれています。盛んに「コレ何」「○って　何」などと聞くため、質問期（命名期）ともよばれています。同じことを聞かれても、きちんと対応し、唐突にみえる質問にも誠実に答えましょう。正解を求めているわけではなく、質問すると大人が答えてくれるという関係が重要です。また、ただ言葉をかければよいというわけではなく、子どもの興味や関心に大人が心を寄せ、子どもの気持ちを感じとりながら言葉をかけましょう。

　3歳以上のクラスになると、子どもたちは年齢なりの特性をもって、園での生活をするようになります。3歳児のクラスでは、自己を発揮し、好きな遊びや好きな先生・友だちと遊び、自分の居場所を定めていきます。まず、保育者との信頼関係をつくり、環境に慣れていくなかで、園での生活の仕方を覚えていきますが、自分の気持ちや考えを言葉で表すには、保育者の手助けが必要です。実際の体験と結びついた言葉の表現力がつき、場面に合わせ話す経験を積んでいきます。

事例2　帰り支度（3歳児クラス）

　金曜日の帰りの支度は忙しくなります。絵本袋に座布団を入れる、カラー帽子や上履きをもって帰るなど、ふだんの日には行わない活動があるからです。X先生は、言葉での説明だけでは難しいので、「次は絵本袋だよ。そのあと、上履きをしまいましょう」

と伝えながら絵で示し、子どもたちが順番に片づけていけるように工夫しています。Aちゃんがもじもじしているので、X先生が「Aちゃんの絵本袋はここにあるよ」というと、Aちゃんは「はーい、X先生ありがとう」と返事をしました。

言葉の理解度に個人差があるので、保育者は言葉と一緒に絵なども活用しながら手助けをします。
③他者の気持ちの理解（4～5歳児）
4歳児クラスになると、目に見えない人の気持ちやこれから起こる出来事などを想像して行動するようになります。他者の気持ちに気づき、自分とは違う思いがあることやしたいことも異なることなどを実感していきます。まだまだ自分の気持ちが優先し、「イヤ」とか「シナイ」など行動を調整することが難しいのですが、保育者に自分の気持ちやつもりを聞いてもらい、言葉をかけてもらうと落ち着いて人の話を聞くこともできます。

事例3　三輪車に乗りたい

　Bくんが園庭で三輪車に乗っていると、「僕も乗りたい」とCくんに言われました。Bくんが「まだだめ」と言うと、スピードを出して砂場のまわりをまわり始めました。Cくんは諦めきれず、「貸して」と追いかけます。「貸して」「嫌だ」のやりとりを見て、Y先生が「Bくん、Cくんが乗りたいって」と言うと、Bくんは「だって、まだちょっとしか乗ってない」「昨日乗ってない」などと言います。そこで、Y先生が、「そうなの、昨日乗りたかったけど乗れなかったの。それで今日たくさん乗りたいのね」と言うと、「そう、昨日乗れなかったから、今日たくさん乗りたいんだ」と、Bくんは自分の思いを話すことができました。

5歳児になると、小グループの活動や集団としての意識が高まります。自分の思いはありつつも、気持ちを調整していくことができるようになります。他者の観点から物事を考える能力がつき、相手に合わせて表現を変えたり、自分の言ったことが伝わったかをモニターしたりしていきます。

　5歳児の保育では、テーマを決めてグループで活動することや、役割分担して活動するなどの協同的な遊びのなかで展開する活動がたくさんあります。話し合いの場面もたくさん出てきます。そこでは、話し手と聞き手の役割を交代しながら、自分の思いつきや考えなどを言葉で表現することや、友だちの話の内容を聞きとり、意味を理解するなどの力をつけていきます。この力は、自我の形成につながるといわれています。

> **事例4　夏祭り**
> 　夏祭りの出し物について、5歳児で話し合いをしました。今年の夏祭りは「動物」がテーマなので、動物のゲームをつくることになっています。Dくんは恐竜が好きなので「恐竜のころころゲームがやりたい。火山や砂漠をつくって、そこに恐竜を描いて、点数をつける！」と提案しました。すると、次のような疑問や考えがグループのメンバーから出されました。
> Eくん：恐竜って動物？
> Fくん：あんまり大きいと、チューリップさんはできないよ。
> Gちゃん：恐竜も動物だよ。どんな恐竜を描くの？　小さい子は怖がらない？
> Dくん：かわいく描けば大丈夫だよ。ビー玉じゃなくてボールにしようか？

　このように、子どもは周囲の大人や友だちとの関わり合いなど生活

を通して、必要な話し言葉を獲得していきます。遊びのなかで語彙を獲得し、場面や状況に応じて話すことで、自分の思いが通じていく実感が次の場面でも話してみようとする意欲につながります。

　各年齢でそれぞれの発達に応じ、言葉を理解する力や言葉を表現する力に特徴があることが理解できたでしょうか？

　皆さんも実習やボランティア体験で出会った子どもたちがどのような言葉を使っていたのか、どう自分の気持ちを表現していたのか、子どもの理解を深めるためには記録する際、「そのまま書いておく」ことが望ましいといえます。

4．考える力を育てる

　幼児期になると言葉は思考する力と出会い、言葉と思考が密接な関係を結ぶことになります。言葉と出会うことにより、思考は広がりや深まりをみせることになります。言葉により対象を特定して名づけたり（ラベリング）、それを自分のなかでまとめたり（カテゴリー化）、客観化したり、論理化したりすることを可能にする思考の道具としての働きが言葉にはあります。

　ヴィゴツキーは「言葉は、最初社会的コミュニケーションとして用いられ、次に自己自身への発話とか、行動を導くための心の道具として内面に向かう」と説明しています。こうした言葉の機能から、言葉は2つに分けることができ、1つは伝達の手段としての言葉「外言」で、もう1つは思考の手段としての言葉「内言」とよびました。この内言が幼児期に集団のなかで多くみられます。そのことから、「社会との関わりのなかで生じる言葉が自分の頭のなかで整理できるようになる過程で現れてくるのが内言である」と考えました。[5]

　よって、3歳頃のひとりごとは、内言が徐々に内面化される不完全

---

[5] L. E. バーク、A. ウインスラー、田島信元ほか編訳『ヴィゴツキーの新・幼児教育法』北大路書房、2001年

な内言と考えられます。そして、「5〜6歳頃には、思考は言語と出会うのである。子どもはこの頃から、考える道具として言葉を用いることができるようになるのである」としています。日常生活のなかで、どちらにしようか悩んだり、相手の気持ちを推し量ったり、心のなかであれこれ考えたりするときにも、子どもは言葉を使って考えていきます。つまり、自分の頭のなかで整理しながら言葉を発するというプロセスのなかで、考える力が育っていくといえます。

　また、幼児期の話し言葉は、主に今ここに一緒にいる人と共有する場があって展開する、目の前の具体的な事物について述べる言葉です。給食のときには、「サッカー、またやろうね」「今日のおかずは、同じ卵だね」など共通の体験を話したり、「昨日○○の映画を見た」「私もこの前見た」などと情報を交換したりして、共感しながら会話を進めていきます。このような共通の場面での言葉を岡本は「一次的言葉」とよんで、幼児期までの言葉と児童期以降に獲得される言葉は質的に異なると説明しています［図表4-1-1］。

　「一次的言葉」とは、身近な人とのコミュニケーションのなかで、「聞く」「話す」を会話形式で行う話し言葉を指します。ある程度共通の経験があることから、詳しい説明がなくとも成り立ちます。それに対して「二次的言葉」は、不特定の人に伝えることが目的ですから、必要な情報を文脈に沿って話すこと・伝えることが求められます。ここでは、書き言葉が重要な役割を果たしていきます。また、二次的言葉を使うには、自分が知っていることと相手の知っていることの区別が必要になります。

> **事例5　生活発表会の報告**
> 　5歳児のクラスは、生活発表会の劇づくりで5つのグループに分かれています。帰りの会で、今日はどこまで準備ができたかを各グループのお当番さんが交代で、皆に伝えました。

> 子ども：僕たち探険チームは、今日は地図をつくりました。大きくつくったので、難しかったです。
> 子ども：私たち手品チームは、衣装をつくりました。きらきらのかわいい色の衣装ができました。次は帽子をつくります。

　このような劇づくりの場合、小グループに分かれた活動では、それぞれが別の場所で、話し合いを重ねながら、製作することが多々あります。その際、保育者は「誰が」「どんなつもりで」「どのようなことを」行って、明日は何をするの？　などの質問をはさんで、一緒に活動しない子どもたちにも伝えられるように援助しています。

[図表4-1-1] 一次的言葉と二次的言葉の特徴

コミュニケーションの形態	一次的言葉	二次的言葉
状況	具体的現実場面	現実を離れた場面
成立の文脈	言葉と状況文脈	言葉の文脈
対象	少数の親しい特定者	不特定の一般者
展開	会話式の相互交渉	一方的自己設計
媒体	話し言葉	話し言葉・書き言葉

岡本夏木『ことばと発達』岩波新書、1985年

2　園生活で話す力を育てる

1．話す力を育てる環境

　話し言葉の機能や発達の様相が理解できたところで、実際の園での生活を通じて、話す力を育てる環境と保育者の関わりについて考えましょう。
　話す力を育てるために必要なのは、まず、子どもの「聞く力」です。そのために保育者にも「聞く力」が求められます。
　では、何を聞くのでしょうか。　たとえば、ブランコの順番をめぐっ

ていざこざがあったときなど、「何があったのか」と、保育者が子どもの気持ちを聞きとろうとして状況を聞いている場面にときどき出会います。しかし、子どもが自分の気持ちや起こったことを話すのは難しいことです。保育者が詳しく聞けば聞くほど、何を話せばよいのか混乱します。そこでは、保育者が子どもの言葉に耳を傾けるという姿勢で聞くことが重要です。よく聞き、子どもの言うことを繰り返しながら、表現された言葉だけではなく、「そうなの、ブランコに乗りたかったのね。昨日乗れなくて今日も乗れなくて、それで大きな声になったのね」など、子どもの生活をとらえて、言葉を足しながら子どもに関わります。そして、子どもは保育者の言葉に耳を傾けて「そうか、こういうふうに話せばいいんだ」と学んでいきます。

　保育の場で、子どもたちが話を聞いていないとき、だんだん保育者の声が大きくなり、ついに保育者の声が怒鳴り声のようになるという場面があります。子どもが「聞く」ためには、聞きたくなるような声や言い回し、聞く環境をどうつくるかという環境設定が大切です。

　言葉の美しさや音の響きの気持ちよさなどを体験しつつ、言葉に対する感覚を豊かにしていく経験ができるよう、保育者は教材を作成したり、表現の仕方を工夫したりしましょう。音のない時間も子どもにとって大切です。子どもにとって、音のない時間が大切であることを理解するために、次の事例①、②をみていきましょう。

事例6　出欠確認

　月曜日の朝、連休明けの朝の会、M先生は出席確認の際に「お名前呼びの歌」を導入しました。「〇〇さん」と歌うようによびかけると子どもが「はーい」と同じような音程で返事をしました。次に「〇〇さん」と小さな声でよんでみました。すると、子どもも「はーい」と小さな声で答えました。一人ひとりを違うトーンでよぶと、自分の名をよばれる瞬間を真剣に待っていました。

> **事例7　歌が好き**
> 　M先生のクラスは歌が好きです。大きな声で元気に歌うことは楽しいのですが、ゆったりとか、しみじみというような雰囲気も味わってほしいと思い、また言葉の響きにも気持ちをむけてほしいと思い、積極的に「わらべ歌」を取り入れています。

2．繰り返しの経験で育つ言葉

　前述の1．で「日常生活に必要な言葉」について考えました。子どもたちは、家庭や園での生活のなかで、「おはよう」「こんにちは」のあいさつや、「ありがとう」「ごめんなさい」という感謝や謝罪の言葉を身につけます。繰り返し言葉を使うことで、その言葉の適切な場面や対象を学びます。友だちには「おはよう」ですが、先生には「おはようございます」と言うのがいいらしい、とか「貸して」と言っても貸してもらえないこともあるなど、具体的な体験のなかで実感をもって学びます。

　さて、園の1日のなかで、場面によって決まっている「言い回し」を学んでいる場面に出会うことがあります。たとえば、順番で「お先にどうぞ」、折り紙をもらって「ありがとう」、園長室に入るときに「失礼します」などです。これらは、園という文化のなかで、子どもたちが身につけていく必要のある言葉を育てている場面です。保育者には意識して状況や場面に合った言い方をしたり、言葉の使い方を教えたりするなど、「話す環境」を意図的に用意することが求められています。

　つまり、一次的言葉から二次的言葉を獲得していく段階を意図的に環境設定することにつながります。二次的言葉を身につけていくと、一次的言葉も並行して豊かに表現できるようになります。

　5歳児の話し合いの場面など、保育者が交通整理をしながら、順番に話すことや、「僕は〇〇だと思う」という言い方をすること、相手

の顔を見てしっかり聞くことなどを伝え、子どもたちは「話をする」ときのコツを身につけていきます。

　また、話すことが苦手で、聞かれてもすぐに返答できない子どもの場合は、決まった言い方で話せばよい場面での体験を積むことにより、自信をもって話せるようになることが期待されます。なかなか自分の遊びがみつけにくい子どもが、片づけや当番活動のときは張り切る姿がみられることがあります。下記の事例をみるとわかりますが、やり方が決まっていると安心して見通しをもち、行動できる姿だといえます。

事例8　お当番

　朝の会で出欠をとり、先生が、「今日はAくんとBくんがお休みですね。2人ともかぜだって。早く治るといいですね。では、お当番さん園長先生に伝えてきてください」と言うと、当番の子どもが「はい」と答えました。
——園長室で
Cちゃん：失礼します。さくら組のお当番のDとCです。
園長：おはようございます。
Cちゃん・Dちゃん：おはようございます。今日のお休みはAくんとBくんです。
園長：2人お休みですね。理由は何でしょう？
Dちゃん：2人ともかぜです。
園長：早く治るといいですね。では、今日のさくら組は何人ですか？
Cちゃん：全部で22人です。
園長：わかりました。大きな声でお話ができました。今日1日お当番さん、がんばってくださいね。
Cちゃん・Dちゃん：失礼します。

> **事例9　誕生会で**
>
> 先生：今日は6月生まれの人のお誕生会です。お誕生日のお友だちの名前をよびますから前に出てきてください（6月生まれの子どもたちが前に出てきて自己紹介が始まります）。
>
> Eくん：さくら組のEです。6月4日に6歳になりました。大きくなったら自転車屋さんになりたいです。自転車が好きだからです。
>
> Fちゃん：Fです。さくら組です。6月20日に6歳になります。好きな食べ物はケーキです。大きくなったらケーキ屋さんになりたいです。イチゴのおいしいケーキをつくります。

　言い方のパターンが決まった話し方を身につけると、皆の前で話したり、積極的に役割をもったりすることが自信につながっていきます。事例8は、当番を担当することで、先生の言葉を聞いて、それを人に伝えるということを学んでいます。何度も経験するので、自信をもって伝えられるようになります。事例9は、友だちが話すことを聞いて、自分のときは何を話せばいいのか学んでいるということになります。

3．楽しい経験と伝えたい相手

　第1章で説明したように、「幼稚園教育要領」、「保育所保育指針」、「幼保連携型認定こども園教育・保育要領」では、各総則に幼児期の終わりまでに育ってほしい10の姿を示しました。その（9）に「言葉による伝え合い」があります。「先生や友だちと心を通わせる中で、絵本や物語などに親しみながら、豊かな言葉や表現を身に付け、経験したことや考えたことなどを言葉で伝えたり、相手の話を注意して聞いたりし、言葉による伝え合いを楽しむようになる[★1]」という内容です。

★1　「幼稚園教育要領」第1章第2　3 (9)、「保育所保育指針」第1章4 (2) ケ、「幼保連携型認定こども園教育・保育要領」第1章3 (3) ケ

> **事例10　空の色の表現（学生の事例から）**
> 　夏の夕方、5歳のいとことコンビニに向かって歩いていたら、空が「藍色」になっていました。それを見たいとこが「空、ふかあおだね」と言いました。緑が濃いことを深緑ということを知っていたいとこは、青の場合も「ふか〜」をつけると思い、「ふかあお」と表現したのです。子どもの発想がおもしろく、「ふかあおの空」と言いながら帰りました。

　子どもが話す力を発揮する出発点は、人に話してみたいと思う心躍る体験です。「これ、クッキーの箱でつくったよ。この車、かっこいいでしょ。折り紙を貼りつけるのに何回もやり直したよ」など、自分でやったことに対する達成感、「ほら、かっこよくおはしがもてた」というできたことへの自信、「今日は、はるちゃんと仲よく遊べた」といううれしかった感情など、子どもは心が動いたときに誰かに話をしたくなります。体全体でその気持ちを表現していることでしょう。遠足に行ったなどの特別な日の特別な体験である必要はなく、日常の園での体験の一つひとつが誰かに話したい、心が揺さぶられる体験なのです。

　そして、その「誰か」が園生活のなかでは、保育者や友だちです。保育者は、子どもの小さな体験を見逃さず、小さな出来事を大事にして、子どものつぶやきを聞く人です。内容が伝わることも大事ですが、聞いてくれた、わかってくれた、という経験が子どもの話す力を育てます。

演習課題 ❹

事例研究・日常生活の話し言葉

「おはよう！」「おはようございます」（先生とあいさつする場面）
「ねえ、これ貸して」「いいよ」「ありがとう！」（砂場で使っていないスコップを借りる場面）
（ぶつかっちゃった）「ごめんね」（泣いている子をなぐさめる場面）
（絵本を見ながら）「クルマ！　バス！　ニャンニャン！　おうまさん！」
（園庭の菜園で水をやりながら）「トマトだね」「こっちはナスだよ」
（先生に）「ねえ、トマトのにおいがする！」「ほんとだねえ」
（先生に抱っこされて）「あっち行くの」
（ブロックと積み木を提示されて）「どっちで遊ぶ？」「積み木がいい！」
（鬼ごっこの場面）「氷鬼しよう」「じゃんけんしようぜ」
（絵本『ぐりとぐら』の読み聞かせの場面）「わけてあげてえらいね」「ぼくもカステラたべたいな」「せんせい、こんどみんなでつくろうよ」

・・・・・・・・・・・・

● 生活のなかでどのような言葉が必要でしょうか。話し言葉の役割を5つほどあげてみましょう。
● 経験したことや考えたことなどを言葉で伝え合う姿が、小学校での学習にどのようにつながるのか、話し合ってみましょう。

アクティビティ ❹

課題　ミラーリングとダブル

　隣同士で、保育者役と子ども役になり、会話をしてみましょう。

◆その①
❶ ペアをつくり、保育者役と子ども役を決めます。
❷ 子どもは、「きのう、お父さんとプールに行ったんだよ」と自慢げに話しかけます。保育者はそれに対し、「そう、お父さんとプールに行ったんだ」と、子どもの言葉を反復し、その後も「大人のプールにも入ったよ」、「へぇ、大人のプールにも入ったんだね」などと、子どもの言葉を反復して応じます（ミラーリング）。
❸ 1分経ったら終了し、役割を入れ替えて、もう一度やってみましょう。

◆その②
❶ 「きのう、お父さんとプールに行ったんだよ」という子どもの発話に対し、保育者は、「そう、お父さんとプールに行ったんだ。よかったね」などと応じます。その後も「大人のプールにも入ったよ」、「大人のプールにも入ったんだ。すごいなぁ」などと、子どもの発話に付け加えをしていきます（ダブル）。
❷ 1分経ったら終了し、役割を入れ替えて、もう一度やってみましょう。

◆その③
❶ 今度は、「きのう、お父さんとプールに行ったんだよ」という子どもの発話に対し、「そう、お父さんと泳ぎに行ったんだね。楽しかった？」などと応じます。その後も「うん、ビニールのイルカにも乗った」、「そうか、大きなイルカの背中に乗ったんだね。怖くなかった？」などと、常に子どもの発話に意味づけをして、さらに質問を重ねていきます。
❷ 1分経ったら終了し、役割を入れ替えて、もう一度やってみましょう。

・・・・・・・・・・・

4 ● 話し言葉の機能と発達

■ このアクティビティを振り返り、感想を伝え合いましょう。

【振り返りのポイント】
- その①〜その③で、子どもの気持ちは、どのように変化したでしょう。
- 子どもの言葉を育むためには、保育者はどのような会話を心がけるとよいでしょう。
- 会話を広げるためには、一つの言葉から蜘蛛の巣状に連想を広げていくウェビングの技法を使うと便利です。

■言葉の広げ方

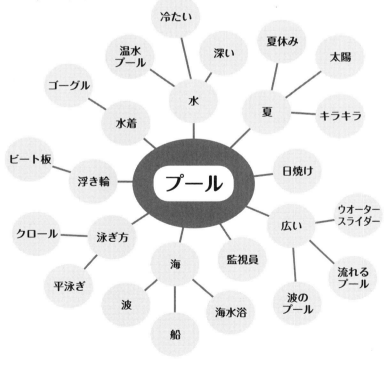

5 書き言葉の発達と保育

この章で学ぶこと・・・
- 子どもの書き言葉の発達過程について理解しよう
- 書き言葉の発達を支える保育者の役割を理解しよう

学びのキーワード

文字の読み書き　　音韻意識　　シンボルの理解
言葉遊び　　環境づくり

1　文字の読み書きと保育

1．子どもたちと文字

　文字の読み書きというと、小学校に入ってからというイメージをもつ人もいるかもしれません。しかし、実習などで気づいた人もいるように子どもたちのなかには、すでに保育室のなかに貼ってある自分の名前のシールを読んだり、簡単な文字を使ってお互いに手紙を交換したりといった姿がみられます。その姿は実に楽しそうですし、文字の読み書きができるということは、子どもたちの生活の幅を広げるものだといえます。

[図表5-1-1]

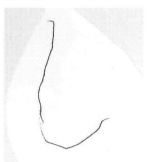

　さて、子どもたちはどのくらい字が読めるのでしょうか。少し古いデータになりますが、小学校に入る前にすでに71文字中65.9文字（92.8％）が読めるという報告があります（島村・三神、1994年）。また、

★1　島村直己・三神寛子『幼児のひらがなの習得——国立国語研究所の1967年の調査との比較を通して』教育心理学研究、42、1994年、70–76頁

図表5-1-1は、ある年中さんの男の子に文字が書けるか聞いて実際に書いてもらったものです。このお子さんの通っている園では、特に文字の読み書きを教えていないそうですし、親自身も教えていないそうです。でも、生活するなかで自然と身についたのですね。

ところで、文字が読めることや書けることのよさは何でしょうか。まずは、手紙やメールに代表されるように、離れた相手に気持ちを伝えることができる、何度も読み返すことができるなどのよさがあります。また、会話といった話し言葉に比べ、文字などの書き言葉を使うことで多くの情報を伝えることができます。みなさんも話し言葉だけでは理解できないことも、文字にすることで理解できたという経験があるでしょう。何より子どもたちにとって、文字が使えるというのは、大人に一歩近づいたような気分になるようで、ごっこ遊びのメニュー表をていねいに書く姿やうれしそうにお手紙を書く姿から、文字を使える喜びが伝わってきます。そうした文字が使える意義を理解したうえで、幼児期における文字の読み書きを考えることがまず必要だといえるでしょう。

ところで現在、早いところでは4歳児から文字を教える園もあります。それがよいか悪いかはともかく、「幼稚園教育要領」第2章「言葉」3「内容の取扱い」では文字の読み書きの指導について、以下のように記しています。

---

(5) 幼児が日常生活の中で、文字などを使いながら思ったことや考えたことを伝える喜びや楽しさを味わい、文字に対する興味や関心をもつようにすること。

ここで大切なポイントは、日常生活のなかで自然と文字にふれる機会があること、そしてその流れのなかで文字に対する興味がわくような環境の設定が必要だということです（→第2節を参照）。

2．文字の読み書きを支える力①

　さて、読み書きの環境を考える前に、そもそも文字の読み書きはどのようにして始まるのか考えてみましょう。その基礎となる力はどのようなものなのでしょうか。ここでは、文字の読み書きの基礎となる能力に目を向けていきましょう。

　子どもたちが文字を書くとき、口の中で音(おん)★2を唱えながら書いている姿がみられます。今みなさんが、ひらがなを書くときにはそのようなことはないでしょうが、たとえば英単語を学習したときなどは、スペルをつぶやきながら覚えたことがあるのではないでしょうか。

　幼児もそれと同じで、特に文字を覚えたての頃はそのような姿がみられます。そして習熟するにつれ、それも減っていきます。また、文字を読む（特に音読）というのは、言い換えると文字を音に直す作業なのですから、音を意識する力が必要となります。実は文字（特にひらがな）を読んだり書いたりするために必要な能力として、"音韻意識"（phonological awareness）というものがあり、「音節（モーラ）に着目する力」を指します（第2章第2節参考）。たとえば前述の通り、「りんご」が「り」と「ん」と「ご」の3つの音からできているとか、最初の音が"り"であるとか真ん中の音をとると、"りご"になるといったことがわかる力を指します。つまり音を分解したり、とったり、くっつけたりといった言葉の音を操作する力を指し、一般的には4歳後半から発達するといわれています。しりとり遊びは、この音韻意識が自然に表れた形といえるでしょう。

　逆にいうと、この音韻意識といった音への気づき、感受性が育っていないうちは、文字の読み書きは難しいということになります。欧米をはじめ、日本の研究においてもひらがなの読み書きが苦手な子ども

★2　物理的な総称としての音（オト）と区別して、音（オン）とよぶ。音声器官によって発せられ、言語に使用される場合に使う言い方である。

は、音韻意識の力が弱いという調査結果があります。大石と斎藤（1999年）は、読み書きが苦手な小学生7人を調査したところ、「"たいこ"はいくつの音からできている？」「"あ"から始まる言葉は？」といった音韻意識を測定する課題において、スラスラ読める子より成績が悪かったと報告しています。また、筆者が以前指導していた障害のある子どもたち（年長児）のなかにも、ナカヤマ先生のことをナカマヤ先生とずっと言い間違えている子がいました。そのほか、小学校に上がっても、掛け算の九九や辞書を引くことが苦手だったり、色や形の名称や友だちの名前を覚えられなかったりする事例もあります。いずれも、「音（オン）」を頼りに探したり覚えたりする音韻意識の未成熟が原因です。

ところが、音韻を意識した課題（ゲーム）を取り入れることで、音韻意識の力が伸び、その結果、文字の読み書きが身についたという報

[図表5-1-2] **しりしりしり**

◆リズミカルな触れ合い遊びをとおして、保育者とのやりとりを楽しみましょう。

子どもをあお向けに寝かせ、「いちり」と言いながら、両足の親指をつかみます。

「にり」と言いながら、両足の足首をつかみます。

「さんり」と言いながら、両足のひざをつかみます。

最後に「しりしりしりしり」と、おしりの両側をくすぐります。

村石昭三・関口凖監修、寺田清美『はじめてみよう！ 幼児のことばあそび 0・1・2歳児編』鈴木出版、2004年、30頁（イラスト／山岡小麦）

告が多数あります。やり方はとても簡単で、先ほど紹介した「"りんご"がいくつの音からできているか？」とか、「"りんご"の最初の音は何か？　それをとると何という言葉になるか？」といった言葉遊びを行うというものです。詳しいやり方は、第2節で説明します。

　なお、0歳の赤ちゃんの段階から子どもたちの音への感受性は育っています。たとえば、日本人の不得意な英語のRとLの区別が赤ちゃんはできるといわれます。筆者の子どもが、まだ1歳にもならないときに絵本の読み聞かせをしていると、「コップ」や「パンツ」「スプーン」といった破裂音に対してはその違いがわかるようで、その部分を読むと、くすっ（にやっ？）と笑う姿がありました。この時期の子どもたちによい遊びとして、音遊びを楽しむ「くすぐり遊び（しりしりしり）」［図表5-1-2］がありますので、やってみてください。

3．文字の読み書きを支える力②

　2．では、音韻意識が文字の読み書きの基礎となること、そしてその力が4歳台に発達することを学びました。そのほか、音韻意識以外にも文字を使いこなすのに必要な力があります。それは、文字などのシンボルを理解する力です（高橋、2011年）[★3]。つまり、文字が何かの対象を表しているということを理解していないといけません。それはすぐにできるというものではなく、いくつかの段階を経る必要があります。

　そのはじめの段階は、1歳台にスタートします。1歳のお誕生日近くになると、たとえば積み木を車に見立てる遊びが始まります（見立て遊び）。実際は車ではないものを使って車を表現するわけです。つまり、積み木という物体が想像の対象と結びついているという理解がこの段階で必要とされます。

★3　高橋登「読み書きの発達とその障害」大伴潔・大井学編著『特別支援教育における言語・コミュニケーション・読み書きに困難がある子どもの理解と支援』学苑社、2011年

5 ● 書き言葉の発達と保育

[図表5-1-3]
ぶどうの絵（2歳）

次に、2歳くらいになると、絵らしきものを描いて、「ぶどう」などと言う姿がみられます（大人にはけっして、ぶどうに見えないのですが）［図表5-1-3］。今度は、絵が対象と結びついているという段階です。それが3歳台になると、若干（20％の子どもたち）ですが文字による表現をし始めます（高橋、2002年★4）。ただし、ここでいう文字とは疑似文字も含み、絵とは異なるものの文字としても認識できないようなものも入ります（高橋、2002年）。そして、4歳台になると、80％以上の子どもたちにおいて、そうした疑似文字を含めた文字表現が出てきます（高橋、2002年）［図表5-1-4］。

しかしながら、それらしく書かれていても、大人の側が文字とはっきり認識できたり、読めたりすることは難しいものです。実際この時期は、まだ多くの子どもたちがひらがな71文字中18文字程度（約26％）しか読めないのです（島村・三神、1994年）。一般的に文字は読めないと書けないのが普通ですから、この時期の子どもたちは絵と文字が異なる表現型であることに気づいていても、文字が読めて使い

[図表5-1-4] 疑似文字による表現

秦野悦子『ことばの発達入門』大修館書店、2002年、205頁

疑似文字（4歳）

★4　高橋登「文字の意識と音韻意識」秦野悦子『ことばの発達入門』大修館書店、2002年

こなせるまでにはなっていないのです。

　ところが5歳台になると、71文字中約50文字（約70％）が読めるようになり（島村・三神、1994年）、書く文字も大人と共通のものが増えてきます。

　4歳から5歳の子どもたちの内部では、この間に何が起こっているのでしょうか。それが2．で述べた音韻意識の発達です。この力は4歳後半に発達します。つまり、文字の読み書きができるようになるためには、話し言葉の音韻的な側面に注意を向ける力がまず必要なのです。それとともに、見立て遊びやシンボルの理解といった力の育ちも必要となります。

4．文字の読み書きを支える力③

　1．の［図表5-1-1］は、「し」が書けるという年少の男の子が書いたものですが、よく見ると途中で途切れているのがわかります。というのも、この子は最初に下半分を書き、次に上半分を合体させる形で「し」を書いたのです。このことからわかるのは、子どもたちが文字を書くときは、ほかの図形と同様にまずひらがなを形として認識する段階があるということです。そして、ここで形を認識する力が弱い、もしくは誤った認識をすると、うまく書けないということになります。

　同様の問題に、子どもたちが文字を覚えて間もない頃、鏡文字とよばれる左右反対の文字を書く現象があります。1972（昭和47）年の国立国語研究所の調査によれば、「も」「の」「く」「き」「し」で鏡文字が多く出現することがわかっています。幼児が鏡文字を書くのは、ごく普通のことでいろいろな国でみられるそうです（高橋、2011年）。左右の認識力や手の巧緻性が発達するとともに自然に解消しますので、あえて修正させる必要はありません。むしろ、脳が左右の違いを認識できない段階で、「逆だよ」と言われても、子どもはとまどうばかりで自信をなくしてしまいます。あまり気になるようなら、さりげ

なく指摘し、お手本を横ではなく上に置いてみせると効果的です。

　以上のように音韻意識、シンボルの理解、形を認識する力などが文字の理解に必要な力となります。子どもたちは、生まれながらにしてこうした力をもっていますので、強いて教えなくても時期がくると自ら学ぶものなのです。あとは、学びの環境をどのように用意するかという保育者の対応が問題となってきます。

5．読んだものを理解する力

　ところで、書き言葉には「文字の読み書き」のほかに、「読んだものを理解する」という側面があります。みなさんのなかには、文字の読み書きができれば、自動的に文章の内容が理解できると思う人もいるかもしれません。しかし、文字が読めることが、内容の理解に直接結びつかないことがさまざまな研究からわかっています。このことは、英語の学習をしたときによく感じられるのではないでしょうか。たとえば、英語を読む（音読する）のに必死で、内容がさっぱり入ってこないという経験がありませんか。こうした現象は日本語でも起こり得るのです。

　さて、読んだものを理解するという活動は、幼児期というより小学校に入ってから本格的なものになりますが、その基礎は幼児期にあるといわれています。たとえば、本のなかの登場人物の考えや気持ち・場面を理解するのは小学校に入ってからというものでもありません。保育所・幼稚園で行われる絵本の読み聞かせは、文字こそ子どもたち自身で読んでいないものの、聞きながらその内容を理解するという点では同じです。このことは、さまざまな研究からも証明されており、乳幼児期にお話の理解につまずく子は、学童期の読解につまずくという結果があります。そのため、「読んだものを理解する」力をつけるためには、「聞いたものを理解する」力をつけることが必要になります。そのための支援方法については、第4章を参考にしてください。

② 文字の読み書きを支援する方法

　ここでは、文字の読み書きを支援する方法について考えていきます。みなさんは、文字の読み書きの力を子どもたちにつけさせるためにどのような方法を思いつくでしょうか。ある人は、たとえば「あ」という文字を指差しながら「この文字は"ア"と読むよ」という方法を思い浮かべたかもしれません。また、ある人はフラッシュカードを使うといった方法を思いついたかもしれません。そうした文字学習の方法なら小学校に入ってからでも遅くはありません。では、幼児期に求められる支援とはどのようなものなのでしょうか。

　それには、前述した文字の読み書きの基礎である"音韻意識"を育てる支援がまず必要といえます。次からそのやり方を具体的にみていきましょう。

１．読み書きの力を育てる言葉遊び

　読み書きの力の基礎となる音韻意識を育てる言葉遊びを紹介します。

①しりとり遊び：しりとり電車

　しりとり遊びを普通にやってもおもしろいのですが、そのときに視覚的な手がかりがあるとやりやすいものです。その１つに「しりとり電車」というものがあります。絵カードをしりとりでつないでいく遊びです。列車が好きな子どもたちも多いので、楽しんでやってくれるでしょう［図表5-2-1］。

　また、「しりとり鬼ごっこ」といって、しりとりをしつつ、鬼ごっこをするというやり方もあります［図表5-2-2］。参考にしてみてください。

[図表5-2-1] しりとり電車

◆保育者の絵カードとチームの絵カードをしりとりでつないで遊びます。

4人1チーム。それぞれが絵カードを1枚ずつ引き、絵柄をみんなに見せます。

保育者は自分の絵カードを子どもたちに見せ、遊び方（しりとりでつなげる）を説明します。

チームで相談しながら、保育者の絵カードにしりとりでつながるように並んでいきます。

1番目の絵カードの子どもが電車の運転手になり、好きなところを一周してきます。

村石昭三・関口準監修、村木由紀子『はじめてみよう！ 幼児のことばあそび 4歳児編』鈴木出版、2004年、32頁（イラスト／多保正則）

[図表5-2-2] しりとり鬼ごっこ

◆鬼が唱えることばを「しりとり」で返して遊ぶ鬼ごっこです。

鬼（保育者）は好きなことばを唱えながら子どもをつかまえます。

つかまった子どもは鬼の唱えることばの尾音を取って、しりとりことばで返します。

正しく答えられれば子どもは逃げられます。不正解のときは子どもは子鬼（カラー帽子をかぶる）になり、保育者といっしょに鬼役になります。

村石昭三・関口準監修、村木由紀子『はじめてみよう！ 幼児のことばあそび 4歳児編』鈴木出版、2004年、34頁（イラスト／多保正則）

②音遊び

音韻意識を育てる遊びとは、簡単にいうと音遊びのことです。

お集りのときなどに言葉遊びの一環として、音遊びを取り入れてみるのもよいでしょう。

たとえば、「"あ"から始まる食べ物は？」「3つの音からできている言葉をたくさん言ってみよう！」と、子どもたちに問いかけ、たくさんあげさせてみましょう。

また、「"たいこ"から"た"をとってみよう」と音抜きをしたり、「"たいこ"の最初の音は？」など、特定の音を当てさせたりするのも楽しいでしょう。

[図表5-2-3]

なお、このようなゲームを行うとき、特に低年齢ほど、積み木といった目に見えるものを一緒に使いながら行うとわかりやすいでしょう。たとえば、"あいす"と言いつつ、積み木を3つ並べていくやり方です［図表5-2-3］。そのとき、ゆっくりはっきりと発音すること、一つひとつの音をていねいに発音するなど、音を強調しながら発音するようにします（サリー・シェイウィッツ、2006年）。また、"あいす"の絵があるとイメージしやすいものです。そして、慣れてきたら絵をとってみる、積み木をとってみるなど徐々に手がかりを減らして、言葉の音だけに着目してやっていくとよいでしょう。

③絵本の読み聞かせ

音遊びを取り扱った絵本で、おすすめのものとして、以下のものが

あげられます（サリー・シェイウィッツ、2006 年）。

- 『でんでんでんしゃがやってくる』
（古舘綾子、岩崎書店、2002 年）
- 『ことばのえほん　あいうえお』
（五味太郎、絵本館、1992 年）

[図表 5-2-4]

音の繰り返しがあり、リズミカルで楽しい絵本です。また前述したように、文字の読み書きを教える園も増えていますが、そのとき、単に文字だけを提示するのではなく、たとえば"さくら"の絵と"さ"という文字を一緒に教えると文字の習得が早いといわれています［図表5-2-4］。

　何より日常の生活のなかで、保育者が言葉の音の側面に敏感になり、子どもとのちょっとした会話のなかで、「同じ音だね」「おもしろい音だね」といったように、やりとりを楽しみながら行うことが大切になってきます。また、だじゃれを日常会話のなかに取り入れることで、子どもとの会話も楽しくなるでしょう。子ども向けのテレビ番組を見ると、「クレヨンをくれよん」「アイスを愛す」など、だじゃれを取り入れたものが実に多いです。大人は少し気恥ずかしさを覚えるかもしれませんが、子どもたちはこうした言葉遊びが大好きです。

　実習において、部分実習や責任実習では製作を取り上げることが多いかと思いますが、こうした言葉遊びをやっても十分楽しめます。言葉遊びは短い時間でもさっとできますので、製作や手遊びに加えて、言葉の音に着目した言葉遊びを日常の保育のなかに取り入れてみると、子どもたちのいろいろな力を伸ばすことができるでしょう。

2．文字学習のための環境設定

　さて最後に、文字学習のための環境設定について考えていきたいと

思います。「幼稚園教育要領」では、「幼児が日常生活の中で、文字などを使いながら思ったことや考えたことを伝える喜びや楽しさを味わい、文字に対する興味や関心をもつようにすること」とあります。

つまり、文字が読めること・書けることが最終目標ではなく、さまざまな活動を通して文字に興味や関心をもたせたり、文字を使うなかで自分の思いや考えを伝える楽しさを味わったりすることが望まれているのです。そのためには、どのような環境づくりがよいのでしょうか。いくつかの園で行った環境づくりの実践例をご紹介します。

> **事例1　A保育園の取り組み**
> 　A保育園では、空想上の"こびと"を登場させ、園児と"こびと"とのやりとりの手段として、手紙（文字）を使いました。活動の導入は次のようなものです。
> ①園の「なぞのとびら」の下に、とても小さな靴が落ちていた［図表5-2-5］。
> ②「あなたわ誰ですか？」と、班長さんたちが書ける字を寄せ集めて持ち主に手紙を書く。
> ③すると葉っぱの手紙がきて、園に住んでいる「こびと」だと判明する［図表5-2-6］。

ここから、"こびと"とのやりとりがスタートしていきます。その

［図表5-2-5］　　　　　［図表5-2-6］

後、カレーライス会（クッキング）のときに、どのグループが何をやっているのか"こびと"にもわかるように、グループの旗をつくったり、カレーをおいしくする魔法の粉（カレー粉です）を"こびと"からもらったり、行事の前に励ましの手紙をもらったりといったやりとりが1年かけて続いていきます。

また、次に紹介する園では、絵本『ガリバー旅行記』の"ガリバー"の孫を保育者が設定し、その人物との交流を手紙で行いました。[★1]

> **事例2　B保育園の取り組み**
> B保育園では、年長さん対象の園外で行われるお泊り保育を楽しんでもらうために、次のような展開を考えました。
> ①保育者が夏のお泊り保育の場所を下見に行った際に、ガリバーの孫に出会ったことを子どもたちに伝え、ガリバーの孫に子どもたちが手紙を出す［図表5-2-7、図表5-2-8］。
> ②ガリバーの孫から手紙がきて、ガリバー村（お泊り保育の場所）で肝だめしをすることをもちかけられる［図表5-2-9］。

夏合宿にとどまらず、このあと1年をかけてやりとりが行われ、"ガリバー"の孫からプレゼントが届いたり、"ガリバー"の孫からもらった旗が"化け物"（これも架空のもの）にねらわれるという行事（？）が入ったりと、とても楽しい展開がその後も続いていきます。その"ガリバー"の孫や"化け物"とのやりとりはすべて手紙で行われ、子どもたちはその手紙をとても楽しみにしており、

[図表5-2-7]

★1　事例2は、吉田直美『みんな大人にだまされた！――ガリバーと21人の子どもたち』ひとなる書房、1997年をもとにしている。

[図表5-2-8]  [図表5-2-9]

その様子から自然と文字に親しみ、興味をもっていることが伝わってきます。

　この2つの園を通してわかることは、「文字」を学ばせようという目論見でやっている実践ではありませんが、結果としてみごとに「手紙」や「文字」が保育のなかでの小道具として、重要な役割を果たしているということです。そして、こうした取り組みこそが先にあげた「幼稚園教育要領」に書かれた目的と合致した取り組みといえるでしょう。

　今後、みなさんは保育の現場に身を置きますが、文字の読み書きを単に教えるだけにとどまらず、その基礎となる力に着目したり、文字に親しむ環境について考えたりする機会をぜひもっていただければと思います。

5 ● 書き言葉の発達と保育

演習課題 ❺

事例研究・絵かき歌

言葉の発達に効果的な方法として伝統的な絵かき歌があります。

【譜例】「コックさん」（3音歌）

　これは東京地方のわらべ歌による絵かき歌です。一見長い歌ですが、レ、ファ、ソの3音のみで歌うことができます。1つのフレーズを否定しながら進んでいく前半6小節に対し、後半はさまざまな状況を想像させながら展開して、最後は思いがけなくコックさんが書き上がります。曲線や直線、○や△、算用数字や漢数字がふんだんに言葉のなかに挿入され、それらが象徴的に描かれて、まるで謎解きのように展開していきます。また、絵かき歌の最大の特徴は、描くペースによって自由にテンポを縮小したり拡大したりしながら、言葉を主体として歌い描いていくことができる点です。言葉を発して歌いながら絵を描く子どもの成長過程に密着した芸術的かつ創作的な遊びです。

101

「へのへのもへじ」

「おかみさん」

> **「おかみさん」わらべ歌**　作詞者／不詳
> よこよこ　たてよこ
> まるかいてちょん　まるかいてちょん
> おおきなおまるに　毛が三本
> 毛が三本　毛が三本
> あっ！　とおどろく　おかみさん

　子どもと一緒に絵かき歌を楽しむ場合、「先生」がまず１フレーズを歌いながら描いてみせます。「子ども」は先生が歌った通りに模唱して歌いながらまねをして描いていきます。実際に子どもたちと絵かき歌遊びを実践してみたところ、「フレーズのなかの大切な言葉を伝えていくための声の出し方を工夫した」や、「お互いに相手を思いやって待つことの大切さを感じた」など、言葉や心情のキャッチボールを体感できることがわかりました。

・・・・・・・・・・・・・

■【譜例】を、「先生役」と「子ども役」になって実践してみましょう。
　また、替え歌やわらべ歌のフレーズの一部を使って、子どもと一緒に絵かき歌を創作してみましょう。自然や動植物、食べ物や乗りものなど、身近なものをテーマにして、子どもが歌いながら簡単に描ける絵かき歌をつくり、絵かき歌の発展性や、伝え合う楽しさについて考えてみましょう。

アクティビティ ❺

課題　伝承遊び「唱え歌」

【譜例】作詞・作曲者／不詳

　【譜例】は「しりとり歌（くさり言葉）」です。発する言葉の抑揚に応じて即興的に音程やリズムが決まっていくという創造性に富んだ遊びです。一定のビートのなかに言葉を上手にはめ込みながら、前の人が歌った言葉を即座にとらえて、次の言葉を生み出して歌っていく集中力とスリルを要する遊びです。教室にいる全員で実践してみましょう。

❶【譜例】の通りに歌いましょう。

❷「いろはにこんぺいとう」から始め、その後は自由に言葉を唱えていきましょう。

❸ 次の相手に言葉を伝えるつもりで歌いましょう。

・・・・・・・・・・・・・

■ このアクティビティを振り返り、感想を伝え合いましょう。

【振り返りのポイント】

● 【譜例】の伝承遊びについて、これらの実践により何が育まれるのか考えてみましょう。

6 言葉の発達と児童文化財・言葉遊び

この章で学ぶこと…
- 言葉に関する児童文化財の種類と特徴を理解しよう
- 言葉に関する児童文化財の活用について考えよう

学びのキーワード

紙芝居　絵本　ストーリーテリング
劇遊び　昔話　童話　実話　言葉遊び

1 領域「言葉」の児童文化財の概要と意味

1．言葉の力

　「絵本や物語」は、領域「言葉」の児童文化財です。「児童文化財」とは、「子供を対象とした文化活動によってつくりだされたもののうちで、歴史的、芸術的、学術的に価値のあるものをいう。伝達者の演技や技術によって表現される無形のものと、物体として表現される有形のものとに大別できる」と定義されています（『ブリタニカ国際大百科事典』「小項目事典」解説）。「絵本や物語」は人類の良質な文化遺産であり、これを間接体験することは、人類の叡智や精神を習得し継承することにつながります。それは、子どもにとって、言葉の発達に欠かせないだけでなく、身近な問題解決や精神の成長を促すものとなるでしょう。

　総じて、領域「言葉」の児童文化財は、物語性のあるものと少ないものとに分かれます［図表6-1-1］。手法として物語性のあるものは紙芝居、絵本、ストーリーテリング、劇、物語性の少ないものとしては歌、言葉遊びなどがあります。物語性のあるものは、内容的には童話、昔話、実話があります。

　物語の手法である紙芝居、絵本、ストーリーテリング、劇は、幼児

6 ● 言葉の発達と児童文化財・言葉遊び

[図表6-1-1] 領域「言葉」に関する児童文化財のジャンル

教育において大きな比重を占めています。

言葉によるイメージ形成力、想像力にとどまらず、感受性、思考力、創造力、協調性、社会性、生活力など、さまざまな力を育てるために物語の擬似体験は不可欠です。

一方、歌や言葉遊びによって、言葉のリズム感や言葉の組み合わせをパターン化する力、コミュニケーション力を養うことも大切なことです。前者は乳児や低年齢の幼児、後者は3歳児から5歳児ごろにかけての力の養成につながります。

この章では、領域「言葉」の児童文化財の概要と意味、言葉の発達との関係について、焦点を当ててみたいと思います。

古代には、言霊（ことだま）信仰といって言葉には魂が宿るとされていました。言葉を口にすることで心的イメージを形成し、言葉の心的イメージは他者にも影響を与えるという意味です。言葉とは、一般的に考えられている以上に多大な力を発揮するものなのです。

こうした言葉の集合体が物語です。保育者は、言葉を媒介にして子どものさまざまな力を育てることが大切です。そのため多くの物語にふれ、その内容を自分のものとして多くの「お話の引き出し」をつくり、与える方法を吟味したうえで実演していく必要があるでしょう。

次項より、物語の手法としての紙芝居、絵本、ストーリーテリング、劇、物語の内容としての昔話、童話、実話、物語以外の領域「言葉」の児童文化財である歌と言葉遊びについて、その概要と意味について

考えてみたいと思います。

2．紙芝居──物語の手法 1

　紙芝居も絵本も、絵と物語が一体となった絵巻物（経典の絵解き、社寺の縁起、高僧の伝記、説話やつくり物語などを絵に描き、変化する画面を鑑賞する巻物）などの文化がルーツです。

　絵と物語一体の文化は、江戸時代の「のぞきからくり」[★1]や、近代初期に海外から入ってきた幻燈[★2]を経て、街頭紙芝居へと発展します（昭和初期に始まり 1965［昭和 40］年代頃まで続く）。紙芝居屋が町の子どもたちに駄菓子などを売りながら、紙芝居を演じたのです。

　これをもとにして、教育の場で教材として演じられるようになったのが、高橋五山[★3]に始まる教育紙芝居です。

　紙芝居と絵本には、同じ物語や類似したストーリーが存在します。なぜ同じ物語が違った実演形態で演じられるのでしょうか。

　同じ物語が双方に存在しますが、双方は異なります。流通においては、絵本のほうが商品化されやすく刊行点数も圧倒的に多いです。しかし、著作権の問題もあり簡単には違った形態に変更して出版することはできません。そのため、紙芝居は昔話とそれに準じたもの（グリム童話など）、年代の古い童話（アンデルセン童話など）、最初から紙芝居として創作された作品が中心です。

のぞきからくり

幻燈

紙芝居と絵本の相違点は、実演にともなうものです。絵本は、本来、一人で楽しむためのものですから、大型絵本をのぞいて大勢の前で読み聞かせすることは困難です。後ろではよく見えないこともあり、少人数での読み聞かせに適しています。語り手は聞き手と近い存在で、コミュニケーションをとりながら聞き手とともに物語の世界へと入っていきます。紙芝居のように語り手と聞き手を隔てるものがないので、声色の使い分けや声の質に凝りすぎると、聞き手はそちらに気を取られてしまいます。声の変化や聞き手の様子をうかがうことは、適度にとどめましょう。

　絵本による教育は、少人数で物語を楽しむこと、少人数間のコミュニケーションによる相互作用を特徴としており、少人数に対する読み聞かせだからこそ得るものもあります。

　一方、紙芝居は、演じることが基本となります。実演には、紙芝居用の舞台を使うことが原則です。これにより、絵を抜く際の余計な動作を隠すことができ、現実世界との境界をはっきりさせ、物語の世界に入りやすくすることができます。聞き手は絵と直に向き合い、物語に集中します。そのため、語り手は語ることに力を注ぎやすく、ナレーションやさまざまな人物による声色の使い分け、声の強弱、高低、アクセントなどに専念することができます。ただし、聞き手と距離がある分、常に聞き手の様子をうかがい、反応をみる必要があります。

　紙芝居は、イベントとして行う形が適していて、広い部屋で行うことができます。もともと屋外で行われた子ども向けの娯楽ですから、教育の場に取り入れられてもイベント的な要素は残っていくでしょう。

★1　大道芸の一種。盛り場などで大きな箱を立て、その下部にあるレンズを通して中をのぞかせる。箱の左右に1人ずつ立ち、紐を引いて絵を順に替え、拍子を取りながら独特の調子で解説をし見物料をとった。

★2　写真フィルム・図版・実物などに強い光を当てて、レンズで幕などに拡大映像を投映して見せるもの。

★3　昭和期の紙芝居作家、編集者、出版社経営者。『月刊絵本』、『幼稚園紙芝居』、『仏教紙芝居』を創案・刊行した（『20世紀日本人名事典』を参照）。

教育における意味は、多めの人数での物語の受容やコミュニケーションと不可分です。集団であるからこそ生じる場の雰囲気や相互作用によって、共通の間接体験をもつことができ、集団性や社会性にもつながります。

　紙芝居は日本独自の文化であり、日本の絵物語の文化を受け継いでいるという点で、継承したい文化財といえるでしょう。海外でも、日本の漫画やアニメに牽引される形で紙芝居受容が始まり、教育現場でも取り上げられるようになってきました。

3．絵本――物語の手法2

　絵本は、児童文化財のなかでも代表的なものといえます。しかし、紙芝居と比べて圧倒的に刊行点数も多く普及率も高い絵本は、扱いが難しい児童文化財です。

　絵本も、日本の絵巻物などの伝統文化から発生し、江戸時代には大人、子どもを問わず愛好されました。当時は子ども向け絵本である赤本と並んで、大人向け絵本も隆盛だったことからも明らかです。そして、近代では、欧米の質の高い絵本文化も取り込んで著しく発達しました。欧米の絵本文化は、イギリスに始まってヨーロッパやアメリカに広まり、さまざまな画材や手法を用いて高度な文化に発達していたのです。

　現在では、日本の創作絵本においても数々の名作が生まれ、版を重ね刊行点数も増加し、絵本は幼児教育の場に必須の教材となりました。

　しかし、広まることは質の低下をともないます。絵本もその例にもれず、現在は質の低い絵本も多く出まわっています。したがって、保育者には、絵本の質を見極める目を養うことが要求されます。

　絵本の質を見極める目とは、物語との関係から絵の妥当性をみる目、昔話の改変を見抜く目の2つであり、いずれも保育者として大切な力です。すでに存在する話を改変した作品もあるので、保育者が、改変

されていることを見抜くだけのしっかりとした「お話の引き出し」をもちましょう。

　前述したとおり、絵本による教育は、少人数で物語を楽しむことと、少人数間のコミュニケーションによる相互作用があることを特徴としています。これにより協調性や集団性・社会性が育ちます。また、4、5歳以降であれば、読み聞かせの実演後に直に質問したりそれに答えたり、感想を述べたりすることで、思考力・感受性・想像力が育成できます。

　また、絵本の質をみる目を、子どもにも育てることができ、これは言葉の力を養成することにつながります。たとえば、批判的認識力が養えますが、これは感想などを述べるときの力となります。

4．ストーリーテリング──物語の手法3

　ストーリーテリングは、アメリカで発達したものです。学生は紙芝居・絵本の読み聞かせは練習しますが、ストーリーテリングについては手法すら知らない場合もあります。しかし、現場では、昼食後、おやつ、降園前など少しの合間にもでき、教材を必要としないストーリーテリングが重宝されるケースも多いようです。かつてアンケート調査を行ったところ、現場では、保育者にストーリーテリングができることを期待している園が多くありました。もともと日本には、昔話をそらで語った素話（本などの道具を使わずに読み聞かせること）の流れがあり、巌谷小波[★4]が集大成しました。また、戦後には、創作を含めたアメリカ発のストーリーテリングが、渡辺茂男[★5]や松岡享子[★6]によって日

★4　明治期から昭和期の児童文学者、小説家、俳人。硯友社同人。はじめ小説を書いたが『こがね丸』の成功を機に児童文学に転身、日本の児童文学の基礎をつくった。主著『日本昔噺』『日本お伽噺』

★5　昭和期から平成期の児童文学者。英米児童文学の翻訳・研究、絵本や童話の創作などで活躍した。

★6　松岡恭子は、昭和期から平成期の児童文学者。石井桃子らと東京子ども図書館を設立し理事長となる。英米児童文学の翻訳、創作、評論など多方面に活動する。

本に紹介されました。

　なお、素話もストーリーテリングも、現在では同じ意味で用いられることが多く、公立図書館などでは「お話」とよぶことも多いようです。

　保育者は、「お話の引き出し」を多数もっていなければなりません。子どもはお話を通して言葉を習得しますが、言葉とは単なる伝達の手段ではなく、イメージ形成や想像力の養成とつながっています。つまり、保育者のストーリーテラーとしての力量が人間形成に影響するということです。ストーリーテリングは、多くの物語を記憶して語るので、習熟すると多くの「お話の引き出し」をもつことができます。

　ストーリーテリングは、話力だけによる児童文化財なので、聴衆に合わせた語りを行う必要があります。話者は一貫して聴者の顔を見て目を合わせ、様子を観察しながら演じることができます。そのため、様子に合わせて聴衆を話に引き込む工夫をしていけば、聴衆との一体感をもつことも可能です。語る場を、少し暗くしたほうが、物語に集中しやすくなります。

　また、ナレーションやさまざまな人物による声色の使い分け、声の強弱、高低、アクセントなどの声質の変化だけではなく、身振り手振りなどもまじえて実演します。絵のない物語のなかに引き込むために、あらゆるスキルを駆使します。

　さらには、教材を使用せず、集団の人数に合わせて行うことが可能であり、実演時間の長短も時間帯や場所に応じて調整できるため、さまざまな場面で行うことができます。たとえば、登園直後のあわただしい時間、活動が予定より早く終了した際の残り時間、昼食後・午睡前の時間、降園間近の落ち着かない時間、散歩や遠足などの外出時など、柔軟に実演できる児童文化財です。ですから、指導計画を立てて行う際にも、ほかの活動と組み合わせて行うことで弾力的な運用ができます。

　また、ストーリーや登場人物などを、条件に合わせて柔軟にアレン

ジすることもできます。低年齢の幼児にはシンプルに、逆に年長には詳しく演じたほうが盛り上がります。

5．劇遊び——物語の手法４

　絵本や紙芝居などの児童文化財を与える活動からの発展として劇遊びがあります。子どもの心にまかれた物語の種を育て、花や実をつける活動です。

　劇遊びにも、いくつかのポイントがあります。導入として読み聞かせや紙芝居などを行い、子どもがストーリーを十分把握できるようにします。そのあとに脚本を読みます。

　脚本は、既成のものを使う場合、既成のものをアレンジする場合、オリジナルの脚本を書く場合があります。クラスの人数や男女比により、既成のものがそのまま当てはまらないことが多いため、アレンジする場合が多いでしょう。いずれの場合も、劇をつくる過程で子どもの態度や様子をうかがって意見を聞き、必要に応じて脚本を修正していくことも視野に入れておくべきです。

　次に、配役についてです。子どもが希望する役を演ずる場合と、保育者が役を割り当てる場合があります。前者の場合も、脚本を書き換え、なるべく子どもの希望に沿いながら人数を増減したり新しい役を設定したりする方法もありますし、話し合いで役を調整するやり方もあります。また、さまざまな役を交互に練習させて、試行錯誤しながら各自が適役を探していくという方法も有効です。

　さらには、発表形式も重要です。クラスでごっこ遊びのように楽しみながら劇遊びをする場合、ほかのクラスや先生や保護者に見てもらう場合、園の行事として行う場合などが考えられます。観覧者がいたほうが発見や成長につながりますが、出演者を緊張させないような配慮が必要でしょう。

　劇遊びへと発展することで、役を演じたり、ある役割を果たしたり

することとなり、それにより物語を味わう視点が変化し、異なった角度から劇を見ることができます。複眼的な目を養うことができるのです。悪役の狼や魔女の側から劇を見るなど、特定の登場人物の視点から劇を見るのも貴重な経験となるでしょう。また、ナレーターや裏方などをすれば、全体からの視点を得ることもできます。これが、子どもの成長に大きな意味をもつことは言うまでもないでしょう。

劇遊びは、参加型で行うことが可能なので、さまざまな力をつけることができます。人前で話す力だけではなく、体で物語を体験することから物語についての理解も深いものとなります。

劇遊びは、絵本の読み聞かせや紙芝居、ストーリーテリングなどからの発展として実演できる児童文化財です。総じて、劇は立体的で色彩豊かな道具を使いますから、見る者を物語に引き込む力が強くあります。言葉についても、生のやりとりが目の前でリアルに展開され、想像力や空間認知力などもつきます。

6．昔話（伝承文学）―― 物語の内容1

昔話は、長い間受け継がれてきた評価の安定した物語が多いジャンルです。しかし、伝承される地域によってストーリーや設定、細部が異なるという問題もあります。一般的に知られているものがすべてではないのです。こうした場合、保育者は、どのように子どもたちに昔話を伝えていけばよいでしょうか。

まず、再話者の存在は重要です。昔話は口承文学ですから、決まった作者は存在せず、伝承される地域によって異なる点も多いのです。どこに取材に行き、誰に話を聞いてまとめたか、筆力はどうか、ここに再話者の資質と力量が問われます。

また、昔話には、「話型」とよばれる物語のパターンが存在します。

昔話絵本の選書に当たっては、再話者がすぐれているか、どんな話型かを保育者が見極めて選んでいく必要があります。標準的な話型の

ものを選びたくなりますが、違った話型のものも排除すべきではありません。なかには知っている話と異なることに疑問をもつ子どももいるでしょうから、異なる話型を読み聞かせする場合、昔話は地域や伝承者によって異なることを説明してもよいでしょう。

瀬田貞二訳、山田三郎画、
福音館書店、1967年

昔話は口承文学なので、ストーリーテリングに適しており、保育者は実演できることが望ましいです。

日本の昔話には、『桃太郎』『一寸法師』『かちかち山』『花咲か爺さん』『金太郎』『浦島太郎』『文福茶釜』『鶴の恩返し』『笠地蔵』『三枚のお札』『猿蟹合戦』『鼠浄土』『舌切り雀』などがあります。

また、外国の昔話にも、イギリスの『三びきのこぶた』『ジャックと豆の木』、ロシアの『おおきなかぶ』、ノルウェーの『三びきのやぎのがらがらどん』などがあります。そして、フランスのペロー童話やドイツのグリム童話も、昔話を集大成したものです。ペロー童話には、『赤頭巾』『シンデレラ』『眠れる森の美女』『長靴をはいた猫』などがあり、グリム童話には、『白雪姫』『赤頭巾』『シンデレラ』『ブレーメンの音楽隊』『ヘンゼルとグレーテル』『いばら姫』『ラプンツェル』『狼と七匹の子ヤギ』『小人と靴屋』などがあります。

7．童話（創作童話）── 物語の内容2

創作童話は、ある作者が創作意識をもって書き上げた作品です。童話には、文字だけで書かれたもの、絵と文字によって書かれたもの（絵本）、もともとは文字だけであったが後に絵本化されたものがあります。創作ですから、昔話のように話者や地域によって、ストーリーや

設定、細部が異なるということはありません。

　最初から絵本として刊行された作品は特に問題はありませんが、文字だけで書かれた作品を絵本化する場合には、さまざまな問題があります。

　まず、もともと文字だけであったため、絵に比して非常に文字が多くなる傾向があります。長い作品を無理に絵本にしたものもありますが、これは読み聞かせには向かないでしょう。

　次に、絵が作品に対して適切であるか否かという問題です。ときに著作権が切れている場合、出版社が商業的な理由で作品に対して不適切な絵や画家を選ぶことがあるように見受けられます。ですから、保育者が、確かな鑑賞眼・選書眼をもち、作品の国や地域、時代の文化に対して適切な絵や画家が選ばれているかを判断できる力をもつことが必要です。

8．実話（伝記とノンフィクション）── 物語の内容3

　教育の場では、人間を善良なるものとして扱う人間観が主流です。しかし、物語においては発達段階に応じて、綺麗ごとではすまない面、人間に潜む悪の面やマイナスの面、また死の問題も何らかの形で伝えていかなければならないと思われます。一方、現代は、マスコミなどにおいて、人間のマイナスの面に関する情報の報道があふれている時代でもあります。

　人間には悪の面やマイナスの面もあることを、子どもに伝えていくことは必要です。子どもは発達段階に則して、人間の悪の面やマイナスの面の存在を知り、それに対する免疫力を身につけていかなければなりません。また、悪の面やマイナスの面があっても、人間にはそれを克服して、エゴにとらわれず社会貢献し、他者に対して慈愛を注ぎ共生していくことができることも、伝えていかなければなりません。このことが、社会貢献し他者を愛し共生する人材を育てることにつな

がります。

　そのためには、物語ばかりではなく実話にふれることも重要です。

　実話の一つに伝記があります。伝記には、実在の人物の苦闘と足跡、そこから得た知恵が記されています。聴取者や作者の思い入れから美化されている面があることも考慮に入れ、虚飾のないものを選んで紙芝居や絵本などで伝えていく必要があるでしょう。日々、人間の醜悪な面が多く報道される現代社会において、さまざまな辛苦に負けることなく悪の誘惑に屈することなく生き、社会貢献し大きな業績をあげた人物の歩みを知ることは、子どもたちに向日的な人生への意欲を育てることができるでしょう。

武鹿悦子文、ふりやかよこ画、ひさかたチャイルド、2006年

　実話のもう一つの分野が、ノンフィクションです。戦争ものや環境ものなどありますが、平易なものを選ぶ必要があります。すぐれたノンフィクションは、ことさら主義主張をしたり、説得のための説明をしたりはしません。事実を淡々と描きながら、真理をついています。

9．歌──非物語系の児童文化財1

　歌は、領域「表現」にも関連する児童文化財です。領域「言葉」においては、歌詞を通して言葉の言いまわしを身につけることができます。

　子どもを対象とする歌には、わらべ歌、童謡、唱歌などがあります。わらべ歌は伝承童謡ともよばれ、決まった作者は存在せず伝承される間に変化したり、地方によって異なったりもしています。また、体を使った遊びとも密接に関連しており、子守歌、手まり歌なども含まれます。代表的な歌には、「かごめかごめ」「はないちもんめ」「通りゃんせ」

「ずいずいずっころばし」などがあります。唱歌は、明治から昭和にかけて文部省が編纂した学校唱歌や音楽の教科書に掲載された楽曲の総称です。代表的な歌には、「故郷」「春の小川」「朧月夜」などがあります。日本の童謡は、大正期に雑誌『赤い鳥』において、刊行者鈴木三重吉が子どもを対象とした芸術性の高い歌を提唱し掲載したことにより成立しました。創作歌曲であり、特に作詞者としての北原白秋の活躍にはめざましいものがあります。代表的な歌には、「赤とんぼ」「夕焼け小焼け」「ちいさい秋みつけた」「ぞうさん」などがあります。

教育における歌の意義は、伝承文化の共有につながるという点です。

10. 言葉遊び —— 非物語系の児童文化財2

言葉遊びには、さまざまなものがあります。教育における意味としては、ある程度の人数で遊ぶことが多く、場を盛り上げながらできるので協調性や社会性が身につきます。楽しみながらコミュニケーションすることもできます。瞬発力や滑舌なども身につけることができます。

② 領域「言葉」の児童文化財と言葉の発達

1. 紙芝居と言葉の発達

紙芝居の場合は、絵本よりも多人数を対象に行うため、一種の相互作用が生じます。つまり、一人ひとりの反応が、別の子どもに影響するということです。たとえば、ある場面に対して、思わず声を出す、指を差す、身振りなどの反応があった場合、ほかの子どもも同様の反応をしたり、それに反発して静かに聞くように注意したりなど、さまざまな反応が出ることが考えられます。しかし、思わず反応してとった言動が、集団をお話の世界に没入させる場合もあります。

お話の終了後には、感動したり疑問や違和感を覚えたりなどさまざまな反応が出る可能性もあります。こうした場合、保育者が疑問や感想に答えるだけではなく、子どもたちのやりとりをスムーズにすすめるようにフォローすることで、「人の話を注意して聞き、相手にわかるように話す」などの言葉を使ったコミュニケーション、意見交換へと発展していく力を育てます。また、「想像する楽しさを味わう」力も育てることができるでしょう。こうして、多人数の前で話す力が育ちますが、これは学校教育への懸け橋ともなる力です。相互のやりとりから出てくる疑問や感想は、物語への深い理解とともに、言葉に対する知識や技術を習得させる働きを高めます。

２．絵本の読み聞かせと言葉の発達

　絵本の読み聞かせは少人数を対象に行うことが多く、乳児や低年齢の幼児においても実施することが可能です。言葉は未発達か初期の習得段階ですが、身につけるための大切な種まきとなります。また、言葉によって表象される対象を絵としてみることで、事物にはそれぞれ異なる名称があり、どの事物にどの言葉が対応するかについて記憶されなくても心に浸透し、言葉を習得していく際に大きな力となります。この段階では、絵や言葉のリズムを楽しむことが中心であり、適した作品には、『いないいないばあ』（松谷みよ子、瀬川康夫絵、童心社、1967年）や『ねずみ君のチョッキ』（なかえよしを、上野紀子絵、ポプラ社、1974年）、『さる・るるる』（五味太郎、絵本館、1979年）などがあります。

　実際に現場で読み聞かせをした場合、乳児や低年齢の幼児は、笑ったり、声を出したりする場合もありますが、まったく反応しない場合も想定できます。無反応だから読み聞かせを行う意味がないのではないかと考えてしまいがちですが、反応がなくても心に蓄積されていく可能性はあります。言葉の発達は相互作用によるもので、キャッチボー

ルをしながら育っていくのです。発達段階もさまざまで、適切なタイミングもさまざまです。一喜一憂せず、長い目で読み聞かせを継続していくことが大切です。

　低年齢の幼児は、絵本の理解が深まる（登場するキャラクターの識別、行為の意味など）だけではなく、物語性のある絵本が少しずつ理解できるようになってきます。

　繰り返し中心のシンプルな物語を、受け入れる素地が育ちつつあります。たとえば、『三びきのやぎのがらがらどん』（マーシャ・ブラウン絵、瀬田貞二訳、福音館書店、1965年）は、小中大のやぎが草を求めて山へ向かう途中、順番に橋を渡り、トロルが食べようとしますが、見送ることが繰り返されます。最後のやぎのときに、トロルは襲いかかり大きなやぎに倒されてしまいます。しかし、大枠は３回繰り返す形で、繰り返しながらストーリー性のある物語へと興味を喚起していきます。

　年中、年長とすすむにつれて、繰り返しは複雑になってきます。

　『三枚のお札』では、小僧さんが三枚のお札を次々に投げて山姥を退けますが、投げて変化するものがその都度異なり、オチの部分では山姥と和尚さんの駆け引きがあり、単純な繰り返しより一歩踏み出したストーリー展開となっています。『三びきのこぶた』も前半では狼が次々に子ブタの兄弟を襲って食べようとし、後半では末っ子の子ブタを三度おびき出して食べようとして失敗するのは繰り返しですが、おびき出す方法はそれぞれ異なり、煙突から侵入しようとして逆襲されるオチもふくめ、単純な繰り返しより進化しています。

　言葉の発達においては、表現力やコミュニケーション力とともに名称の認識力や語彙力も育ち、言葉や文字を覚える際にも大きな力となります。子どもが自分で絵本を音読することができれば、読む力、語彙力などが身につきます。

3．ストーリーテリングと言葉の発達

　ストーリーテリングは、絵本や紙芝居以上に想像力やイメージ形成力を養成します。こうした力は、言葉の発達にも関係があります。
　想像したりイメージしたものを言葉で表現してみたり、絵に描いてみたりなど具体化することで言葉の力は発達します。言葉とは実体を指し示す概念ですから、実体と言葉をつなぐ想像力やイメージ形成力を養成することで、言葉の力を育てることにつながるのです。

4．劇遊びと言葉の発達

　言葉の発達のためには、良質の言葉や文を記憶することが第一歩です。自分の担当するセリフを記憶したあと、セリフのやりとりの練習となりますが、これは擬似コミュニケーションともいえるもので、相互のやりとりによる言語能力の養成につながります。発表会のような場面では、相互の擬似コミュニケーションが第三者の目により客観化、対象化されます。
　コミュニケーションに苦手意識のある子どもも、劇の形であれば、人前でもコミュニケーションをとりやすいでしょう。言葉は模倣によって習得していくものですから、セリフが決まっている劇という児童文化財は、話し言葉を習得し成長させていくのに絶好の素材といえるでしょう。

5．歌と言葉の発達

　言葉の発達における歌の意味は、メロディーがあるため言葉を習得しやすいことや想像力・イメージ形成力を育成しやすい点などです。
　言葉のリズムや繰り返しを楽しみながら、語彙力や表現力を養うことができます。簡単なストーリーも含まれていることから想像力をふくらませることもできます。また、一緒に歌うことで歌詞を通して文

化を共有できます。

　短時間で実施できることから、ほかの児童文化財と組み合わせての活用が考えられます。たとえば、物語に関連する歌を歌ってから読み聞かせや紙芝居に入る、劇遊びに適切な歌を挿入するなどが考えられます。

6．言葉遊びと言葉の発達

　言葉遊びは、楽しみながら言葉の知識・技術を身につけ、言葉の発達につなげることができます。さまざまな教材を、育てたい力によって使い分けるスキルが必要です。

- なぞなぞは、事項とそれに対する説明が同一のものかどうかを判断する力を育てます。また、類推する力、想像力、思考力なども育てます。
- 早口言葉は、滑舌をよくすることで話す力を育てます。
- 回文は、正確に言葉や発音を把握する力を育てます。
- しりとりは、語彙を増やし、ほかに類推する力、敏捷性なども養うことができます。
- 連想ゲームは、語彙を増やし、ほかに類推する力、想像力、敏捷性なども養うことができます。
- カルタは、教材を使う遊びで、聞きとる力、記銘力（音声で聞いた言葉を覚える力）、語彙力などを養い、ほかに類推する力、敏捷性なども養うことができます。
- 伝言板ゲームは、正確に伝達する力、記銘力を養成します。そのほか、伝達にともなって言葉に変化が生じることを学ぶこともできます［図表6-2-1］。

　このように多岐にわたる言葉遊びですが、1種類だと単調になり飽きてしまうこともありますので、いくつか組み合わせたり、ほかの児童文化財と組み合わせたりなどの構成上の工夫が必要です。

[図表6-2-1] **言葉遊びによって育つ言葉の力**

言葉遊び	育てたい力
なぞなぞ	事物と説明を同一のものとして判断する力・類推する力、想像力・思考力など。
早口言葉	滑舌をよくする・話す力など。
回文	正確に言葉や発音を把握する力など。
しりとり・連想ゲーム	語彙を増やす・類推する力・敏捷性など。
カルタ	聞きとる力・記銘力（音声で聞いた言葉を覚える力）・語彙量・類推する力、敏捷性など。
伝言板ゲーム	正確に伝達する力、記銘力、伝達にともなって言葉に変化が生じることを学ぶなど。

　たとえば、なぞなぞは、物語への導入に有効です。物語に関連した問いを投げかけ、物語への興味を喚起することができます。また、物語をカルタにしたものもあり、物語に対する興味の喚起や知識・情報などを増やすことにも役立ちます。

演習課題 ❻

指導案の作成と模擬保育

　言葉の豊かさを実感できる言葉遊びと、絵本の読み聞かせについての指導案を作成しましょう。時間は20分、対象は4歳児15名とします。
　作成したら、保育者役と子ども役を決め、模擬保育形式で実践してみましょう。
❶ 子ども役の人は、先生役の導入や説明の仕方、読み方、終わり方などについて、子どもの視点に立って感じたことを伝えましょう。
❷ 読み聞かせは、子どもたちにとってどのような意義があるのでしょう。
❸ 言葉遊びや絵本の内容と対象年齢について、考えましょう。

・・・・・・・・・・・・

■振り返り、感想を伝え合いましょう。
【振り返りのポイント】
● 全体の流れはどうだったでしょうか。言葉遊びと絵本の読み聞かせに何らかのつながりや関連性があると流れがよくなります。
● 4歳児は、自我の発達とともに知的好奇心が一層高まる時期です。生活の描写や繰り返しのリズムを好む1～2歳児と違い、ストーリー性のある物語も楽しめるようになってきます。特に、自分と同じ小さな生き物や乗り物が活躍する物語を好む傾向があります。また、音韻意識が芽生えることから、音節に関わる言葉遊びを楽しむこともできるようになります。
● 「幼稚園教育要領」第2章「ねらい及び内容」言葉2内容(9)、あるいは同じく、言葉3内容の取扱い(3)を確かめましょう。

【部分実習指導案】

4歳児　部分実習指導案
対象児　　（ 4 ）歳児（ 15 ）名

＜主な活動内容＞	
・言葉遊び『なぞなぞ（妖怪シリーズ）』を楽しむ。	
・絵本『さんまいのおふだ』（松谷みよ子・遠藤てるよ、童心社、1993年）を楽しむ。	

＜子どもの実態把握＞	＜部分実習のねらい＞
・運動機能が発達し、さまざまな遊びに挑戦している。ハサミを使うなど巧みな動きも可能となり、外遊びの時間には、仲間と草花をとったり虫を探したりして遊ぶ姿がみられる。また、仲間とのつながりが強くなりつつある一方で、自己主張したり、自分の思い通りにいかないことに葛藤を感じたりする場面もしばしばみられる。	・4～5歳頃の子どもたちは、物語性のあるお話を楽しむことができるようになるだけでなく、たとえば『かいじゅうたちのいるところ』（モーリス・センダック、冨山房、1975年）のように少し怖いお話や冒険譚を好む傾向が出てくる。ここでは、古くから日本文化に定着し、畏れられている「妖怪」をテーマにした「なぞなぞ」を楽しむことによって、言葉のもつイメージを豊かに広げることをねらいとしている。 ・昔話をもとにした絵本『さんまいのおふだ』は、絵もストーリーも、子どもたちの冒険心や成長願望を満足させ得る内容である。物語性のあるお話を興味深く聞き、想像する楽しさを味わうことが目的である。

時間	環境構成	予想される子どもの活動	保育者(実習生)の援助・配慮点
	・子どもたちの集中を妨げないように、雑然とした場所を避け、すっきりとした落ち着ける場所を準備する。 ・いすは、千鳥の扇型に2列あるいは3列に並べる。使わない机は後方にまとめる。	○保育室の片づけをする。 ・遊んでいたものを片づけ、席に着く。 ・どんなお話が始まるのか、興味をもってワクワクしている。 ・遊びをやめず、片づけない子どもがいる。	○保育室の片づけをしてから、実習生のもとに集まるよう伝える。 ・片づけられない子どもがいたら、一緒に片づけながら声をかけて励ます。

	〈用意するもの〉 ・言葉カード ・絵本	○言葉遊び「なぞなぞ（妖怪シリーズ）」を楽しむ。 ・「知っている、こんなのもいるよ」などと言う子どもがいる。 ・何も言えない子どもや、違うことを言う子どもがいる。	○桃太郎に出てくる鬼のように、不思議な存在を「妖怪」とよぶことを話し、妖怪についての「なぞなぞ」をすることを伝える。 ・「鼻が高くて、うちわをもっている妖怪は何」 ・「首が長く伸びる妖怪は何」 ・「雪が降る夜に出てくるきれいな女の人の妖怪は何」 ・「山に棲んでいる怖いお婆さんの妖怪は何」など
		○絵本『さんまいのおふだ』を楽しむ。 ・怖い場面で声を上げる子どもがいる。 ・終了後、「やまんば、食べられちゃったね」「助かってよかったね」など、感想を語る子どもがいる。	○読み聞かせの約束を確認する。 ・絵本がよく見えるか、全員に確認する。 ・鑑賞中は静かにする、聞きたいことがあったら終わってからなどと伝える。 ・読んでいる最中に、おしゃべりをする子どもがいたら、そっと目配せするなどして気づかせる。 ・余韻を残して終了する。ただし、子どもたちから感想が出てきたら、共感的な態度で受け入れる。 ○担任の保育者に引き継ぐ。

アクティビティ ❻

課題　視点を変えて

　手のかかる子どもをみると、つい短所に目がいってしまいがちですが、自分が短所だと思っていたことも、他人がみると長所に思えるかもしれません。マイナスの思考をプラスの発想に変える練習をしてみましょう。

❶ 各自、ちょっと手のかかる子どもをもつ親になります。どのような子どもか、ご自分の子ども時代を思い出しながら適宜考えます。

❷ 保育者に相談するため、ノートに我が子の短所を書き出してみましょう。「うちの子は落ち着きがなくて、いつもこんなことをしてしまい、とても困っています」などと具体的に記入します。

❸ 隣同士でペアをつくり、ノートを交換します。今度は2人とも保育者になって、親が訴えてきた子どもの短所を、「落ち着きがないとおっしゃいますが、そんなことはありません。好奇心旺盛で元気な証拠です。園では〜」などと長所を書きましょう。

・・・・・・・・・・・・

■ 振り返り、ノートに感想を書いて伝え合いましょう。

【振り返りのポイント】

● 保育者にとって、子どもに対する見方を変えることは、どのような意味があるでしょう。

● 日々の連絡帳だけでなく、通知表を発行する保育所や幼稚園もあります。保護者の立場になって考えてみましょう。

※短所は長所の裏返しです。時間があれば、みなさん自身の短所を書き出して交換し合い、長所に書き替えてみるのもよいでしょう。

7 言葉に関して配慮を必要とする子どもへの支援

この章で学ぶこと...
- 言葉に関する課題のある子どもについて理解しよう
- 配慮を必要とする子どもへの支援の視点を学ぼう

学びのキーワード

言葉の遅れ　　発達障害　　構音障害　　吃音
緘黙　　母語が日本語ではない子ども

1 言葉に関する課題

1. 言葉に関する課題を学ぶことの意義

　言葉は、人間がコミュニケーションを図るための重要な道具です。子どもは、言葉を獲得しながら発達していきます。しかし、なかには言葉の発達に関して課題のある子どもがいます。保育者は、子どもの状態像を正確に把握するため、また子どものとまどいに気づくためにも、どのような課題があるのかという基礎知識を習得しておくことが大切です。あわせて、それぞれの課題に対して保育者はどのように支援をしていけばいいのかについても考えてみましょう。

2. 子どもにみられる言葉に関する課題

①言葉の遅れ

　言葉は発達の目安になりやすいものの一つです。言葉の遅れは、目にとまりやすく、他児と比べやすいために保護者が心配するところです。しかし、言葉の発達は個人差も大きいものです。なかなか言葉が出なかったけれども、出始めたら一気におしゃべりになり心配がいらなくなる場合もあります。

［図表7-1-1］言葉の遅れに関するチェックポイント

　一方で、全体的な発達をていねいに確認しながら支援を考えていくことが必要な場合があります。両者の見極めは難しいものですが、いくつかのチェックポイントがあります［図表7-1-1］。主なものは言葉の理解の程度、対人的な関わり、聞こえの状態です。

　これらのチェックポイントで気になるものがある場合は、難聴や知的な発達の遅れ、発達障害の可能性も視野に入れた専門家による経過観察が必要です。

　保育の場での対応としては、次のような支援が考えられます。

・本人がしている行動や興味をもって見ているものに言葉をかけていく。たとえば、「お水、冷たいね」「おいしいね」など、子どもの思いや行動と言葉がつながるような声かけをする。
・実際にものを見せたり、絵カードや写真を使ったりする。子どもが要求を伝える手段としても使う。
・「何をして遊びたい？」「どうしたい？」と聞くのではなく、「鬼ごっこ？」「ブランコ？」と単語で答えやすいように聞く。

　また、言葉の発達を促すためには、体を使った遊びをいっぱいすることが効果的です。体を使うことが脳に刺激を与えるからです。体を使った遊びを工夫して、園での活動に取り入れましょう。

　たとえば、さまざまな感覚に刺激を与える遊びとしては、次のようなものがあげられます［図表7-1-2］。

[図表7-1-2] さまざまな感覚に刺激を与える

子どもの様子に合わせてゆっくりゆらしたり、大きくゆらしたりする。

保育者が補助をして、かけ声をかけながら高く飛ぶなど

しがみつくことで筋肉を使う経験にもなる。子どもの様子を見てゆらし方も工夫する。

バランスボールやマットなどを壁にグーッと押したり引いたりする。

ボールプールに入る。さらに、保育者がボールを子どもの体に押し当てて刺激を与える。

子どもの体をマットや布団で圧迫する。部位ごとに力を加えても。

体をゆっくりと動かす。保育者が見本を見せて、まねをしてもらう。

中身が見えない箱に手を入れて、何か当てる。さまざまな感触を試してみる。

小平雅基・中野圭子『気になる子のために保育者ができる特別支援』学研、2014年をもとに作成

②発達障害

　発達障害のなかに、自閉スペクトラム症があります。人とやりとりをする社会性の障害を中核症状とする障害であり、コミュニケーショ

ンに独特の傾向があります。症状の程度、知的障害の程度により発語のない人から語彙の豊富な人までいますが、コミュニケーションの独特の傾向とは次のようなものです。

- 質問の言葉をそのまま返したり(エコラリア[★1])、過去に聞いた言葉を繰り返したりする。
- 言葉を語義通り受け取る。
- 暗黙のルールや裏の意味、比喩表現や皮肉がわからない。
- 場にそぐわない不自然でていねいな表現をする。
- 悪気はないが失礼なことを言ってしまう。

事例1　言葉をそのまま受け取る

皆でお絵かきをしているときです。Y先生が、離れたところにある青いクレヨンを「Aくん、青いクレヨン取れる?」と頼みました。Aくんは「取れるよ」と言っただけで、Y先生に渡そうとはしませんでした。

事例2　失礼なことを言ってしまう

Bちゃんが着てきた洋服を見て、Cちゃんが「リボンがかわいいね」と言いました。Dくんはそれを見て、「その服、変だよ。似合わない」と言いました。Y先生が「そんなことを言ったらBちゃんはどう思うの?」と言ったところ、Dくんは「わからない」と言いました。

事例1では、言葉を語義通り受け取っていて、取れるかどうかという質問に対し「取れるよ」と答えています。事例2では、悪気なく思ったことを発言し、相手の気持ちを想像することの苦手さがでています。

こうしたことを踏まえて、保育の場では、あいまいではなくわかり

★1　エコラリアとは、他者が話した言葉を繰り返すこと。

やすい言葉かけを心がけます。また、本人や他児の気持ちを代弁してあげることが必要です。事例1では「青いクレヨンを取って」、事例2では「Dくんはそう思ったのね。でも変だと言われたら、Bちゃんは悲しい気持ちがするよ」と言うほうが伝わりやすいでしょう。

そのほかには、「ちゃんとする」よりも「前を向いて立つ」、「いい子にする」よりも「手をひざにおいて待つ」などという具体的な表現のほうがわかりやすく、伝わりやすくなります。

③**構音障害**

構音障害とは、音をつくる器官やその器官の動きに問題があり、正確な発音ができない症状のことを指します。たとえば「さかな」を「タカナ」、「くつ」を「クチュ」と発音するなどです。原因としては、次のものがあります。

- 口蓋裂などの器質性のもの
- 神経や筋肉の病変によって起こる運動障害性のもの
- 難聴など聴覚性のもの
- 原因が認められない機能性のもの

構音は就学の頃までに、発音しやすい音から段階を追って整ってくるといわれています。また、文字言語を習得すると改善されることもあります。

事例3　お話を楽しむ

Eくんはお話をすることが好きです。「テンテイ、あのね、チチュウのまわりには空気があるんだって」。Y先生は「そうね、地球のまわりには空気があるのね。Eくんはよく知っているね」と答えました。「テレビでね、チチュウのことやってたの！」とEくんが言うと、Y先生は「そう、また先生に教えてね」と細かい発音を直すことはしないで、正しい発音でゆっくり応答しながら、Eくんが楽しくお話できるように聞いています。

7 ● 言葉に関して配慮を必要とする子どもへの支援

　保育の場では、正しい発音が耳から伝わることを意識しつつ、話したい気持ちをそいでしまわないような関わりが必要です。また、唇や舌などの発声器官の発達を促すような遊びを取り入れるのもよいでしょう。たとえば、次のような遊びなどがあります。
- ストローでピンポン玉を吹く
- ストローで紙を吸って移動させる
- 舌をまわす、丸めるなどの運動をする
- 息を吹いてろうそくの火を消す
- シャボン玉をつくる

④吃音（きつおん）

　吃音には、「ぼ、ぼ、ぼく」といった「連発」のほか、「さーかな」といった「伸発」、音がつまってなかなか出ない「……あひる」といった「難発」などがあります。原因は、はっきりとはわかっていません。左利きを矯正したからとか、引っ越しなどの心理的ストレスがあったからとか、親の育て方が厳しかったからなどといわれた時代がありましたが、今はどれも否定されています。

　3歳頃から吃音がみられ始める子どもが多く、男女比では男の子に多いことがわかっています。吃音が目立つ時期と、それほど目立たない時期が繰り返されることもあり、小学校に入る頃までに自然に消失する子どももいます。

　保育の場では、どのような支援が考えられるでしょうか。吃音をなくすことが治ることと考えられがちですが、子どもたちが一番つらい

ことは、吃音そのものよりも吃音をもっている自分を否定されることなのです。したがって、吃音があっても自信をもって、日々の活動に向かえるようにすることが大切です。

そのために幼少期は、話し方がスムーズでなくても「わかっているよ」「大丈夫だよ、言いたいことは伝わっているよ」と安心させてあげる関わりが必要です。「変な話し方」などと吃音を他児に指摘されて、話すことに自信をなくしてしまう場合も考えられます。他児には「一生懸命お話しようとしてくれているんだよ、待とうね」と説明し、大人が受け入れている姿をみせるといいでしょう。

⑤緘黙（かんもく）

「場面緘黙」「選択性緘黙」ともいい、家庭では話ができるのに、保育所など外では話ができない状態を指します。しかし、本人が意図して話をしないのではなく、不安障害の一種と考えられています。もともと敏感なタイプの子どもが、新しい環境ではとても不安が強くなり、話さないことでそれ以上の不安を高めないようにする反応をしていると考えられます。

声が出せないだけでなく、固まってしまって動けなくなってしまう、緘動といわれる状態像を示す子もいます。特定される原因はわかっていません。家庭ではよくおしゃべりをして、言葉の発達に問題のないことが多いので、保護者に気づかれにくいのです。しかし、なかには発達障害や言葉の遅れ、吃音が背景にある場合もあるので、一度は専門家に相談することが望ましいです。

保育の場では、「安心感」が一番のキーワードになります。話さなくても伝わっていること、無理なくできることを積み重ねていくことで、少しずつ慣れて体験を増やしていけるようにすることが大切です。目標は「話をすること」ではありません。話をすることを強制したりプレッシャーをかけたりすることは避けなければなりません。

> **事例4　安心感を与える**
> 　Fちゃんは、園で声を出しません。Y先生は生活発表会など不安が高まりそうな行事のときには、さりげなくそばにいて「大丈夫だよ」と声かけをするようにしています。また、少人数での活動のときには、Fちゃんが一番慣れているGちゃんと同じグループにしました。年度はじめは反応ができなかったFちゃんですが、先生の問いかけに対して、徐々にうなずく返事ができるようになってきました。

3．言葉に関して不安を抱える保護者への支援

①保護者の不安を受け止める

　経験のある保育者からみればそれほど心配のないことでも、保護者はちょっとしたことで不安に思うものです。保護者が何を心配して、何を保育者にわかってほしいのか、まずは十分に聞き受け止めるように心がけます。

②家庭での関わりのヒントを伝える

　保護者の具体的な心配が見えてきたら、そのことに関して園での様子や保育者の関わりを伝えます。たとえば「乱暴な言葉づかいをして困る」という保護者の困りごとに対しては、「園では、あまり乱暴な言葉づかいは目立ちませんよ。ときどき、まわりのお友だちにうまく気持ちを伝えられないときに、乱暴な言葉になってしまうことがありますが、『本当は嫌だったのね、やめてって言おうね』と繰り返し伝えていますよ」と具体的な場面をあげて伝えます。そうすることで保護者は、どんなときに乱暴な言葉づかいになってしまうのか、どういう対応をすればよいのかヒントを得ることができるでしょう。

③発達的な見通しを伝える

　たとえば、2歳の子どもの発音を心配する保護者がいた場合、構音

はまだ整わない段階であること、年長でもまだ発音の不明瞭が残って心配であれば「言葉の教室」に通えることなどを伝えれば、先の見通しが立つことで保護者は安心します。発達段階に即した説明、助言ができることが保育者には求められます。

④相談機関、専門機関を紹介する

「様子を見守る」だけでなく、子どもの発達状況をていねいに確認したほうがいい場合や、保護者の不安感がとても強い場合などは、医師や心理士などの専門家を紹介することが必要です。小児科や発達相談センター、保健センターおよび児童相談所などがあります。地域の専門機関にはどのようなものがあるかを把握しておきましょう。

⑤ともに発達を支える姿勢をもつ

保護者にとって、身近で日常的に接点のある保育者にわかってもらえる、ともに子どもを見守ってもらえることは心強いことです。保護者と気軽に率直に話ができる関係、信頼される関係を築きながら、ともに子どもの発達を支える姿勢をもっていきましょう。大切なことは、「課題を克服させる」「皆と同じようにさせる」ことではなく、その子なりの成長をみつけ、ともに喜んでいくことなのです。

2 母語が日本語ではない子ども

1．母語が日本語ではない子どもの背景

①多様なルーツをもつ子どもたち

現代は、さまざまな人種・民族・国籍の人が日本で暮らすようになり、わが国では多文化共生社会への対応の必要性が高まっています。法務省の調査によると、日本における在留外国人数は238万人を超え（2016［平成28］年末現在）、前年比6.7％増と過去最高になっています。

国籍別には中国、韓国、フィリピンおよびブラジルなどが上位を占

[図表7-2-1] 国籍・地域別　在留外国人数

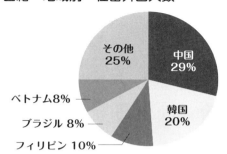

法務省入国管理局「平成28年末現在における在留外国人数について（確定値）」2017年（http://www.moj.go.jp/nyuukokukanri/kouhou/nyuukokukanri04_00065.html）をもとに作成

めています［図表7-2-1］。それにともない外国人の子どもの数も増加しており、たとえば0〜5歳児に限っても93,583人と報告されています。これは、日本における当該年齢児の約1.5％に相当します（総務省統計、2015年10月）。

また、国際結婚などにより「日本国籍でも日本語が話せない」「両親とも別々の母語をもっている」など、多様なルーツをもつ子どものさまざまな状態像が考えられます。そうした実情に合わせて、「外国とつながりのある子ども」という表現も使われるようになってきています。

②保育の現場における配慮

保育の現場においても、こうした多文化共生社会の波は押し寄せており、言語や習慣の異なる背景をもつ子どもが在園していることを念頭に置き、必要な配慮を行っていくことが重要です。

「乳幼児にとって、入園する保育所・幼稚園は初めて出会う公的集団である。その子どもが第一子あるいは来日間もない外国につながりのある家庭にとっては、はじめての『日本の学校』であり、公教育への入り口である。来日間もない家庭や人間関係が同文化コミュニティに限られている家庭の場合、日本社会の制度・ルール・慣習は子ども

を通してぶつかる最初の場となる。生活基盤が不安定な場合などは、保育所・幼稚園が行政・福祉サービスへの窓口としての役割を担う場合もある」（内田千春「新人保育者の語りに見る外国につながりのある子どものいる保育」『共栄大学研究論集』2013年、275頁）ということを認識しておく必要があります。

③言葉の発達の状態

　子どもの言葉の発達を考えていくとき、日本で暮らしながらも母語が日本語ではないこと、家庭での使用言語が日本語以外であることをどう考えればいいでしょうか。母語がしっかりと確立しているほど二番目の言語も上達するといわれています。どちらの言語も十分に流暢に使用できる状態になれば「バイリンガル」といわれますが、母語が十分に確立していない幼少時から来日した子どもの場合、母語と日本語のどちらの言語も発達が不十分になる「ダブルリミテッド」になる可能性があるといわれています。

　また、「シングルリミテッド」という言葉も出てきています［図表7-2-2］。シングルリミテッドとは、田中（2015年[★1]）によると、「母語をまったく話すことができず、「外国語」である日本語のみが唯一の理解できる言語であるにも関わらず、その日本語は年齢相応の発達をみていないという状況」のことを指し、「たとえば、両親あるいはそのどちらかが外国人で、日本語がネイティブではないが、家庭内では（あまり上手ではない）日本語のみを使用し子育てをしてきた場合」にみられることがあるとされています。

　そうした人たちは、日常会話では問題なく日本語を話せているようにみえても、学習の際に必要になる学習言語の理解は不十分なことがあります。学習言語を扱えるようになるまでは７年かかるといわれて

★1　NPO法人青少年自立援助センター／YSCグローバル・スクール／田中宝紀（IKI TANAKA）「日本語ができないとどうなる？（3）──日本で生まれ育った子ども」2015年、http://ikitanaka.hatenablog.com/entry/2015/09/28/131749

[図表7-2-2] 外国につながりのある子どもの言葉に関する状態像

名称	状態像
バイリンガル	母語および日本語の使用がともに十分可能。
ダブルリミテッド	母語および日本語の使用がともに困難あり。
シングルリミテッド	日本語しか話せずに日本語の力が不十分。

おり、抽象的な日本語を理解することや思考することができず、就学後の学習に支障が生じてしまうのです。

2．子どもへの関わり

あなたが突然、言葉も通じない知人もいない異国に一人で放置されたら、どんな気持ちになるでしょうか。きっと、とても心細く不安で孤独な気持ちでいっぱいになるでしょう。日本語がほとんどわからず保育所にいる子どもたちも、それと同じような感覚ではないかと推測されます。そうした子どもの気持ちを十分に想像して寄り添うことが保育者に求められます。

具体的には、どのような配慮が考えられるでしょうか。

①安心して過ごせるような配慮

一人で異国にいるとき、日本語で話しかけてくれる人がいたら、どんなに心強く感じることでしょうか。子どもの母語で簡単なあいさつをする、トイレや食事の場面で必要な言葉を覚えて使うなどの支援が考えられます。また、クラス全体で当該児のルーツのある国の歌を歌ったり、踊ったりすることや、保護者にその国の文化を教えてもらう機会をつくることなども行われています。

自分が受け入れられている感覚がもてること、寄り添おうとしてくれる大人がいることは、たとえ言葉が通じなくても、その場で安心して過ごせることにつながるでしょう。

②他児との関わりを促進する

子ども同士は、比較的すぐに打ち解けて一緒に遊べることが多いで

しょう。一方で、文化の違いから誤解が生まれることもあります。

> **事例5　皆との遊びに参加しない**
> Aくんは、最近日本で暮らすようになり、まだ日本語がよくわかりません。外遊びのとき、クラスの皆でドッジボールをしました。いくら誘っても、Aくんは参加しようとせず、一人でブロック遊びをしています。クラスのほかの子どもは、「誘っているのにどうしてAくんはやらないの？」と言うようになりました。

この場合、Aくんが参加しない理由として考えられることは何でしょうか。

まず、言葉やルールがよくわからないためという可能性があります。あるいは、経験がないからボールにぶつかるのが怖くてできない、という可能性もあります。こうした場合には、保育者はAくんが参加しやすいような準備をすることが必要です。見学の時間を多くとったり応援役を任せたり、外野専門での参加などの配慮をしたりすることが考えられます。

しかし、文化や習慣の違いから「皆で過ごすときは、一人で遊ぶのではなく皆で遊ぶもの」という感覚がないことから、好きな遊びを優先しているという可能性もあります。その場合には、大人が介在しながら他児との関わりを促進することにも配慮が必要でしょう。たとえば、本人が興味のある遊びのほうに他児が参加できるように促したり、まずは遊び以外の給食の場面などで他児との交流が図れるようにしたりということが考えられます。

他児から「いくら誘っても一緒に遊ばない子」と思われてしまわないように、他児への言葉かけもしながら、ゆっくりとなじんでいける環境を整えていきたいものです。

3．保護者への関わり

①伝えるための工夫

　保護者がどれくらい日本語を習得しているかによって、保育者は保護者とのやりとりに工夫が必要な場合があります。たとえば、父親は日本語が話せるが母親は日本語が十分ではない場合に、父親とばかり

[図表7-2-3] 公益財団法人かながわ国際交流財団　就学用リーフレット英語版

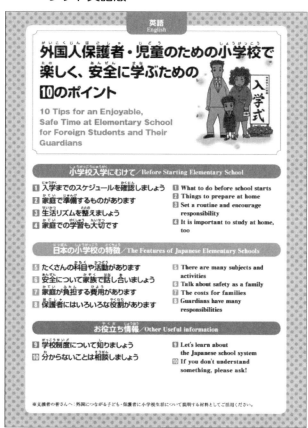

[図表7-2-4] 神奈川県中井町の3歳児健診案内　ポルトガル語版

~ 3サイジケンコウシンサ ~
Exame de saúde 3-year-old

(data e hora)　　2016 5/11(Wed)　11 de maio quarta-feira

　　　　　　　　recepção　13 horas às 13 horas 15 minutos

(localização)　　Saúde e Bem-Estar Centro 2F
　　　　　　　　Escritório ao lado　ヤクバトナリ

(levar as mercadorias)
　　Caderneta de Saúde Materno Infantil　ボシテチョウ
　　Urina　ニョウ
　　Registro de guardião　ホゴシャノキロク
　　Investigação de olhos e ouvidos　メトミミノチョウサ

(informação de contacto)：ナカイマチケンコウカ
　　　　　　　　　　　　Tel　○○—○○○○

連絡をとると、母親としては園に出入りする際に疎外感を感じてしまいます。また、子どもの育ちや保育所での様子がわからないことにより、不安を強く感じてしまうことにつながる危険性があるので注意が必要です。

日本語に不慣れな保護者に対しては、たとえば園からのお便りには日本語だけでなく母語を併記したり、ひらがなやルビうちをしたり、連絡帳で必要な持ち物を説明する際には、イラストや写真を使用したりする工夫がなされています。また、懇談会の際には通訳を依頼しているところもあります。そのほか、乳幼児健診や就園・就学に際しての説明をリーフレットで発行しているところもあります［図表 7-2-3］［図表 7-2-4］。どのようなものがあるか、調べて活用していきましょう。

②母語を制限しない

　子どもが日本語を覚え始めて他児と交流が広がってくると、もっと日本語を習得させたいと思うものですが、そのために保護者に母語での子どもへの関わりを制限することは避けなければなりません。子どもに日本語を覚えさせることだけが、子どもやその家族にとって一番重要なこととは限らない、ということを理解しておく必要があります。いずれは母国に帰ることを想定している家庭もあれば、ずっと日本で暮らしていくつもりの家庭もあるでしょう。母語を否定されることは、アイデンティティーやルーツを否定されることにつながり、とても傷つくことなのです。

　また、母語のほうが子どもとの自然なやりとりができる家庭で、母語の使用を制限してしまうと、親子間の意思の疎通がスムーズに図れなくなってしまいます。そうしたデメリットも想像した支援をしなければなりません。

③情報提供

　地域によっては、同じ国からきた人同士がネットワークをつくっているところや、日本語教室を開催している NPO 法人があります。また、母語で相談できる相談機関もあります。必要に応じて、保護者に紹介できるとよいでしょう。

演習課題 ❼

事例研究・多文化共生社会

　発達障害が疑われる子どもや、外国につながりのある子どもがいたら、保育者としてどのように対応しますか。以下の事例について、グループで話し合ってみましょう。

❶ 集団遊びになかなか加われず、一人で積み木遊びをしていることの多い4歳のA児。友だちや保育者の会話内容はある程度理解できるようですが、自らの発話はほとんどありません。ある日、隣でお店屋さんごっこをしていたB児が、「これ、ちょっと貸してね」と積み木をもっていこうとした途端、A児がB児の髪の毛をつかみ、B児が泣き出しました。

❷ 今日は、子どもたちが待ちに待った遠足。お昼になったので、子どもたちは敷物を敷き、お弁当を食べ始めましたが、C児だけ困ったようにたたずんでいます。保育者がリュックサックを確かめると、中に入っていたのは水筒とタオルだけ。海外出身の保護者が、園からのお便りをよく理解していなかったようです。

・・・・・・・・・・・・

■振り返り、感想を伝え合いましょう。

【振り返りのポイント】

● 「幼稚園教育要領」第1章の第5「特別な配慮を必要とする幼児への指導」を確かめましょう。

※障害者に対し、「かわいそうだ」とあわれみや同情の気持ちを抱くことは、「心理的バリア」とよばれ、しばしば相手に苦痛を与えてしまいます。

※多文化共生社会を実現するためには、年齢や性別、障害のあるなし、国籍などを問わず、誰もが互いの存在を認め合い、尊重し合うことが大切です。

アクティビティ ❼

課題 フランスのジャンケンを体験しよう

　グー、チョキ、パーを使うジャンケンは日本が起源で、明治時代以降世界各国に広まった文化です。一方、モンゴルやマレーシア、タイなど、その国独自のジャンケン文化をもっている国もあります。ここでは、フランスのジャンケンを体験してみましょう。

　フランスのジャンケンは、出し手が石（ピエール）、はさみ（シゾー）、葉（フェイユ）、井戸（ピュイ）の４つあります。石ははさみに勝ち、はさみは葉に勝ち、葉は石と井戸に勝ち、井戸ははさみと石に勝つことができます。図示するとこのようになります。
「石（ピエール）、はさみ（シゾー）、葉（フェイユ）」の掛け声で始めてみましょう。

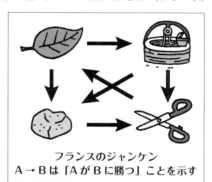

フランスのジャンケン
A→Bは「AがBに勝つ」ことを示す

■ このアクティビティを振り返り、感想を伝え合いましょう。
【振り返りのポイント】
● この体験で感じた「やりにくさ」、「わかりにくさ」は、何が原因なのでしょう。
※石とはさみは勝てる相手が１つしかないのに、井戸と葉は勝てる相手が２つずつあります。三すくみのジャンケンに慣れた私たちには理解しがたい、不公平に思えるルールですが、これがフランスの文化であり、彼らにとっては普通なのです。

参考文献　稲葉茂勝『じゃんけん学――起源から勝ち方・世界のじゃんけんまで』今人舎、2015年

8 現代社会と言葉

この章で学ぶこと。。。
- 幼児の言語を育む環境が変化していることを理解しよう
- 現代社会の幼児とメディアの関係および課題について理解しよう

学びのキーワード

言語環境　　人間関係と言葉の発達
家庭と地域の教育力　　メディアとの関わり

1　子どもを取り巻く言語環境

1．言葉を育む環境の変化

①家庭や地域の教育力低下

　家庭や地域は子育ての基盤であり、言葉の育ちの原点ともいえる大切な環境です。ところが、近年その家庭や地域の教育力に陰りがみられます。

　かつて、日本の家庭は子どもの数が多く三世代同居が当たり前でした。子どもは、兄や姉、祖父母など複数の家族に見守られ、声をかけられて育っていったのです。家庭内の多くの人とコミュニケーションをとっていくことは、親以外の価値観や考え方、趣味や生活スタイルの多様性にふれることにもつながっていました。ところが、戦後すすんだ核家族化と少子化は、子育て環境に大きな変化をもたらしました。厚生労働省の調査によると、調査をとり始めた1953（昭和28）年の平均世帯人員は、5.00人[★1]でしたが、2016（平成28）年は2.47人[★2]に

★1　厚生労働省「平成26年　グラフでみる世帯の状況——国民生活基礎調査（平成25年）の結果から——」2014年
★2　厚生労働省「平成28年　国民生活基礎調査の概況」2016年

減少しています。

　少子化や夫婦共働きの家庭が増えたことは、子どもを取り巻く言語環境を大きく変えていきました。忙しい親の代わりに、親とはまた違った愛情を注ぎ、無償のぬくもりを与えてくれる祖父母などの存在が身近にあることは、子どもにとって実は大変幸せなことだったのです。

　育児をする親の立場から考えてみても、見守る大人の目が少なくなったことは親の負担増加を意味し、育児疲れによるネグレクトや虐待といった悲劇を生みだしてしまうことにもつながります。また、子どもの立場から考えても、いろいろな大人が子どものさまざまな状況に対して的確に対応するのを目の当たりにして育つことは、将来、成長したときに役に立つでしょう。

　地域社会のあり方も変わってきました。かつては、地域全体で子どもに声をかけ、見守り、育てていました。しかし最近になって個人主義がすすみ、お互いが無関心になっていき、それまで地縁で固く結ばれていた人間関係を貧弱なものにしてしまいました。今、地域の子どもたちが間違ったことをしていても、叱ることができる大人はわずかではないでしょうか。

②実体験の希薄化

　科学技術の進展により、私たちはさまざまな便利さや快適さを享受していますが、その一方で失ってしまったものもたくさんあります。

　たとえば、戦前の生活と比べてみましょう。今はスイッチ１つで自動的にお風呂が沸く時代ですが、昔はかまどに薪をくべて沸かしていました。風呂たきはたいてい子どもの仕事で、なかには小さな弟や妹を背負いながら火の番をしていた子もいたのです。マッチをすったことのない現代っ子には、燃え盛る炎の熱さや躍動感はわからないでしょう。

　また、自動車に乗れば自宅と駅の間を快適に移動することができます。しかし、歩くことによって実感できる太陽の眩しさ、季節による

木々の変化、空気の匂い、暑さや寒さ、道行く人々の話し声などに出会うことはありません。

あるいはまた、飲み物1つ買うにも、今は自動販売機にお金を入れてボタンを押せばすみ、一言も言葉を発する必要がありません。昔はお店に行って、「これください」とよびかけ、お店の人とあれこれ言葉でやりとりしないと買えなかったのです。

実感をともなった体験は、言葉を発するうえでの大切な基盤となるものです。しかし、だからといって、いまさら戦前の生活に戻ることはできません。現代社会という枠のなかで、子どもたちの最善の利益を追求することが必要になります。そのために、保育者は子どもたちを取り巻く言語環境についてしっかりと認識し、子どもたちの言葉を育む体験を取り戻す視点をもち続けることが大切です。

2．子どもとメディア

①子どもたちを取り巻く言語環境

自由な時間や空間、仲間が減少し、子どもたちの豊かな言葉を育む遊びが貧弱なものになりつつあります。また前述の通り、便利さの追求が他者とのコミュニケーションを必要としない世の中をつくり、言葉を育む生活体験も減少しています。ここでは、メディアの影響について取り上げ、その対策としての伝承遊びの可能性について考察していきます。

②テレビと言葉の発達

メディアとは、情報の伝達を行う中間的（media）存在を意味し、伝達のための手段、方法、媒体、媒体機器、マス・メディアを総称していいます。

高度成長期、テレビは「三種の神器」ともいわれた貴重品でしたが、今では一家に複数台の時代を迎えました。テレビの画面に映し出される幼児向け番組は子どもたちをくぎづけにし、時に長時間にわたって

子どもの動きを止め、言葉を発しない時間をつくってしまいます。

　昨今の幼児向けDVDやテレビの画像は、色彩もカラフルで場面転換も早く、想像したり、疑問をもったりする余地を与えません。また、効果音も不自然さが目立ち刺激が強いと感じるものもあります。つまり、製作者側によって子どもの気を引くためのさまざまな仕掛けがなされているわけです。しかし、見ている子どもは常に受け身の状態であり、発信される盛りだくさんの情報を浴びるように過ごすことになります。一見、映像を通して多くの言葉や歌を聞くために、言葉の発達によい影響を与えるように思いますが、一方通行の言葉のやりとりではコミュニケーション能力は育まれていきません。

　相手が実際に発する音声による言葉のリズムや抑揚、伝えるときの顔の表情や目の動きや身振り、手振りまでを含めて子どもは相手に向き合い、生身の相手を観察しながら、空気を伝って届く言葉を意識していきます。繰り返し聞き何度もまねして発声することで、その言葉に興味をもち、言葉を理解し話すことにつながっていくのです。

　ほかの動物にはない人間の特徴は、言葉をもっていることです。そして、誰かと話したいという欲求、話しかけられたいという欲求をもっています。いかなる環境にあっても、言葉によるコミュニケーションだけで相手を安心させたり、勇気づけたり、幸せな気持ちにさせたりすることができるのは、メディアを超えた人間のなせる技でしょう。いかにメディアが進歩しようと、生身の人間から発せられる言葉の力に勝ることはありません。

　厚生労働省と「日本小児保健協会」[★3]は、幼児健康度全国調査を1980（昭和55）年以降10年ごとに実施して、幼児の健康度に関する継続的な比較研究を実施しています。2010（平成22）年での調査対

★3　「日本小児保健協会」は、70年以上の歴史をもつ協会で各種セミナーや講習会などを実施。幼児健康度全国調査を10年ごとに実施している。次回の幼児健康度全国調査は2020年に行われる。

[図表 8-1-1]「お子さんは普段どんな遊びをしていますか」【2歳以上】 複数選択

	調査児の年齢区分				合計 （人）
	2歳	3歳	4歳	5～6歳	
ごっこ遊び	404	485	507	651	2,047
お絵かき・粘土・ブロックなどの造形遊び	522	484	503	727	2,236
絵本	457	397	351	456	1,661
テレビ・ビデオ	382	354	322	466	1,524
テレビゲームやゲーム機	25	72	119	303	519
ボール・すべり台など運動遊び	497	398	366	500	1,761
自転車・三輪車など	249	263	300	488	1,300
その他	81	67	51	85	284
不明	126	14	21	35	196
ケース合計	792	623	649	931	2,995

（注）ケース合計は、設問に回答する対象者数（回答者数）を意味する。
厚生労働省・日本小児保健協会「2010年幼児健康度調査結果」2010年

象は、満1歳から7歳未満の幼児5,352人で調査結果が報告されています。図表8-1-1は、調査結果のなかから子どもがふだん、どのような遊びをしているのかについて調査した回答結果です。

図表8-1-1の調査結果から、室内遊びの絵本とテレビ・ビデオに着目してみると、2歳児ではテレビ・ビデオで遊んでいる子どもより絵本で遊んでいる子どもが多かったのに対し、5～6歳児になるとテレビ・ビデオがやや上回ります。また、テレビゲームやゲーム機で遊んでいる子どもの数は、2歳児から5～6歳児に向かってうなぎのぼりに増えています。また、同調査によるテレビ・ビデオの視聴に関する詳細な回答結果をみてみますと、「テレビやビデオを見せている」が全体で94％、「見せていない」は4％、忙しいなどの理由で「よく見せている」が44％、「ときどき見せている」は46％でした。この数値から、90％以上の保護者が、忙しいなどの理由でテレビやビデオに子守りをさせていることがわかります。また、視聴時間についての年

[図表8-1-2]「テレビゲームやゲーム機で遊んでいますか」【2歳以上】

	調査児の年齢区分				合計
	2歳	3歳	4歳	5～6歳	
遊んでいない	74.7%	70.0%	57.2%	37.8%	58.5%
遊んでいる	1.8%	6.7%	11.7%	22.6%	11.4%
時々遊んでいる	7.6%	20.9%	27.6%	36.2%	23.6%
不明	15.9%	2.4%	3.5%	3.4%	6.5%
合計	100%	100%	100%	100%	100%

厚生労働省・日本小児保健協会「2010年幼児健康度調査結果」2010年

齢別調査結果では、低年齢層ほどテレビやビデオを利用した育児が行われていることが浮き彫りになりました。

次に、テレビゲームやゲーム機と言葉の発達について考えてみたいと思います。図表8-1-2は、テレビゲームやゲーム機に特化した調査結果です。

図表8-1-2の調査結果からは、5～6歳児になるとテレビゲームやゲーム機で遊んでいる子どもが60%弱もいることがわかります。子どもは、すぐにゲーム機を使いこなし夢中になります。ゲーム機で遊んでいるときの子どもの様子は、言葉をひとつも発することなく手だけを巧みに動かしボタンを押しています。仮想現実の世界に長時間浸ることは、自分の思いを伝え他人の思いを感じとる力に障害をきたし、人間形成にまで影響を与えていくことが多方面から指摘されています。

だからこそ、保護者や保育者は、子どもが幼児期のうちに各メディアとの接触時間に気を配り、食事中はテレビを見ない・ゲームはしないなどのルールを決める必要があります。メディア機器に囲まれて生活せざるを得ない時代だからこそ、メディアを完全に断ち切る時間を設けることも必要です。

現在、各地でメディア機器と距離を置いた生活を模索する動きがあり、テレビや情報機器から離れて家族との会話を楽しんだり、ともに

過ごす１日をつくることを推奨し実践している地域団体も出てきています。

③メディアの普及とスマホ育児

現代のメディア機器の代表であるスマートフォンは、この10年ほどの間に世界中に普及しました。

このような現代社会にあって、昨今親が乳幼児にスマートフォンを与えている場面に出くわすことが多くなりました。ベビーカーに乗った子どもが、大人の手つきをまねてスマートフォンの画面を操作する光景に多くの懸念の声が上がっています。２歳未満の子どもにとって、スマートフォンからの光や音、動く画面は過剰な刺激です。スマートフォンを渡された子どもは、皆一様に画面を食い入るように見つめ、指がふれるだけで画面が変わる不思議さに夢中になってしまい、ぐずるどころか言葉を発することすら忘れてしまいます。

この「スマホ育児」について、「子どもたちのインターネット利用について考える研究会★4」では、2016（平成28）年7月から研究活動を始め、その活動報告書を公開しています。その調査結果によれば、多くの保護者が「スマホ育児」に対し、何らかの不安を感じながらも使わずにはいられない状況にあるとのことです。そうしたことを踏まえ、会では保護者向けセルフチェックリスト（３〜６歳）を提供し、メディア利用の望ましい使い方を促しています［図表8-1-3］。

9か月以降の子どもは、周囲に目をむけ観察するようになります。もしこのとき、子どもの視界にスマートフォンがあり、母親の視線がスマートフォンの画面にむけられていたら、やはり子どももそちらに注意がいってしまうでしょう。特に２歳未満の子どもは、親や周囲の人の声、表情、体の動きを感じ取り、外界のさまざまな事象に興味や

★4　「子どもたちのインターネット利用について考える研究会（座長：お茶の水女子大学教授坂元章）」は、2008年にYahooとネットスターの各株式会社が共同で設立した研究会。子どもたちをインターネットの危険から守るために、ネット利用による防犯教育や調査研究を実施している。

[図表8-1-3] **望ましいメディアの利用法**

メディア利用	利用の方法として望ましい例
時間帯	ベッドや布団に入る1時間前までに利用を終える。
時間数	1回15分まで。1日当たりの利用時間は1時間を上限とし、自宅での遊び時間の半分を超えない。
用途や内容	年齢相応の内容かどうか保護者が確かめ、動画やゲームは受け身で終わる利用は減らす。
利用法	子どもの利用中には目を配り、子どもの問いかけや反応に応える。内容について話をする。
利用場所	保護者の目の届く場所。食卓、寝室、移動中の車内での利用は避ける。

子どもたちのインターネット利用について考える研究会「子どもたちのインターネット利用について考える研究会第八期報告書」より「表1：未就学児の情報機器・インターネット利用のあり方のまとめ」をもとに作成

関心を広げていくときです。母親や大人と視線を合わせ、多くを語りかけてもらうことで脳が発達し、その実体験を繰り返し重ねることで安心して言葉や感情、聞く力を育んでいくのです。

　子どもは、生まれてからの生活環境のなかで聞いたこと、見たこと、感じたこと、ふれたことなど実体験のすべてを統合し、模倣を繰り返しながら言葉を育み、表現することを楽しむようになります。だからこそ、誕生直後から耳を通じて関わることを意識し、子どもの目を見つめ、語りかけ歌いかけていく周囲の大人の関わりが大切なのです。

　領域「言葉」では、「人の言葉や話などをよく聞き、自分の経験したことや考えたことを話し、伝え合う喜びを味わうこと」を「ねらい」の一つとしています。人の言葉を聞き、相手に自分の言葉で伝える喜びを味わうための聴覚機能や言語機能は、安心できる環境のなかで人との関わりを通すことによって、育むことができるのです。

④メディアの利用

　「幼稚園教育要領」には、「指導計画の作成上の留意事項」として、「幼児期は直接的な体験が重要であることを踏まえ、視聴覚教材やコンピュータなど情報機器を活用する際には、幼稚園生活では得難い体験を補完するなど、幼児の体験との関連を考慮すること」と示されて

います。「幼稚園生活では得難い体験を補完する」とある通り、あくまで体験を補うために視聴覚教材やコンピュータを利用するというスタンスです。

　NHK放送文化研究所が実施した「幼児視聴率調査」の結果によれば、幼児が1日にテレビを見る時間は平均1時間ですが、そのうち録画番組やDVDを再生して視聴利用している時間は1日平均54分だったそうです。つまり、映像の媒体が多様化したことで、時間に縛られることなく視聴時間を選択できる時代になったのです。日常生活のなかにおいても、映像のさまざまな利用方法が広がっていることが予想されます。2020年度施行となる「小学校学習指導要領」では、教育内容の主な改善事項として、情報活用能力の育成を示しています。小学校以降の教育現場では、タブレット端末を用いた授業の導入やプログラミング的思考の育成もすすめられており、今後も幼児期から児童期におけるメディア機器との距離のとり方は、多方面において検討され続けていくことでしょう。

　メディアを効果的に使うことにより、幼児の感性や豊かな情操、言語能力を育てていくことが可能となります。

　保育者は、「幼稚園生活では得難い体験」を補完できるような視聴覚媒体の選択と利用の仕方を、見極めていくことが大切です。

演習課題 ❽

言葉の楽しさ・美しさ

❶ 「雨」、「雲」、「悲しみ」など、自然や感情に関係する言葉を類語辞典などで集めてみましょう。
❷ 子どもたちが言葉の楽しさや美しさに気づくために、保育者はどのようなことを心がければよいでしょうか。

・・・・・・・・・・・・

■振り返り、感想を伝え合いましょう。
【振り返りのポイント】
● 四季の変化に富んだ日本は、自然現象や感情を表す言葉が豊富です。豊かな語彙をもち、日常生活のなかで言葉が適切に使える保育者になれるとすてきです。
● 日本語は、平仮名、片仮名、漢字など、文字種が多いだけでなく、漢語、和語、外来語が混在しており、同音語も多いことから、しゃれや語呂合わせができやすいという特徴があります。しかも自由度が高く、文中の語順を変えたり主語や助詞を抜いたりできるため、さまざまな形につくりかえて楽しむことができます。みなさんも子どもの頃、「回文」(「いかたべたかい」「ようかんかうよ」など)や「ぎなた読み」(「ここにほん」「おれはげたか」など)で遊んだ記憶があるのではないでしょうか。
　子どもたちとのさりげない会話や日々の遊びのなかで、言葉の楽しさや美しさに気づかせる配慮を心がけましょう。

アクティビティ ❽

課題　保育とロボット

　科学技術の進歩はとどまるところを知らず、福祉や教育の分野にもロボットが浸透しつつあります。先日、筆者が新聞を読んでいたら、「読み聞かせロボット」の広告が目にとまりました。小さな動物型の人形に昔話や童話が何百も収録されていて、ボタンを押すと再生されるしくみです。パッケージ写真には、「想像力を育みます」「聞く力・考える力が発達」などと大きく表示されていました。保育の世界にロボットを導入することの是非について、話し合ってみましょう。

❶ クラス全体をAとBの2つに分けます。自分の考えとは違うかもしれませんが、Aはロボットの製作者側（保育・教育のロボット化に賛成）、Bは伝統的な保育を尊重する保育者（保育・教育のロボット化に反対）です。

❷ 司会者を立て、それぞれの立場になりきって意見を述べ合いましょう。

・・・・・・・・・・・・

■ このアクティビティを振り返り、感想を伝え合いましょう。

【振り返りのポイント】

● コミュニケーションの本質とは、何なのでしょう。
● 子どもにとって最善の利益とは、何なのでしょう。

※勝敗をつけたり、結論を出したりするものではありません。双方の立場から意見を述べ合うことで、問題意識を共有し、深めるのが目的です。

索引

■ あ
愛着……………………… 32, 48, 54
愛着の形成……………………… 56

■ い
生きる力………………………… 8
1語文…………………………… 35
一次的言葉……………………… 76
インリアル法…………………… 71

■ う
ヴィゴツキー………………… 41, 75
歌……………………………… 115

■ え
絵本…………………………… 108
絵本の読み聞かせ………… 93, 96, 117

■ お
応答的関わり…………………… 50
音遊び…………………………… 96
音韻意識……………………88, 90, 94

■ か
外言…………………………… 41, 75
書き言葉……………………… 35, 87
学習指導要領…………………… 8
学校教育法……………………… 6
学校教育法施行規則…………… 6
カテゴリー化…………………… 75
紙芝居…………………… 106, 116
環境…………………………… 10
緘黙………………………… 132

■ き
聞く力………………………… 77
疑似文字……………………… 91
吃音…………………………… 131
逆模倣………………………… 59
教育課程……………………… 19
教育紙芝居…………………… 106
教育基本法…………………… 7
共同注意……………………… 33
共同注視……………………… 33

■ く
クーイング………………… 29, 50

■ け
劇遊び…………………… 111, 119
原始反射…………………… 28, 49
幻燈…………………………… 106

■ こ
構音障害……………………… 130
国語……………………… 10, 21
ごっこ遊び…………… 39, 87, 111
言葉………………… 9, 15, 69, 126
言葉遊び………………… 116, 120
言葉による伝え合い……… 10, 17, 81
言葉の遅れ…………… 126, 132
子どもの言葉の発達……… 26, 136
コミュニケーション…………… 57
5領域……………………… 9, 14

■ さ
三項関係…………………… 33, 52

■ し
自己形成視…………………… 44
質問期………………………… 72
実話………………………… 114
児童文化財………………… 104
自発的コミュニケーション…… 51
社会的参照…………………… 52
社会的微笑…………………… 29
小1プロブレム……………… 22
小学校学習指導要領……… 8, 152
少子化……………………… 144
情報提供…………………… 141
初語………………… 34, 54, 71
叙述の指差し………………… 33
しりとり遊び……………… 88, 94
人格形成の基礎…………… 6, 7, 10
シングルリミテッド………… 136
新生児反射………………… 28, 49
新生児模倣………………… 34, 49
シンボル……………………… 90

■ す
ストーリーテリング……… 109, 119

155

スマートフォン……………………… 150
スマホ育児……………………… 150
■ せ
生理的微笑………………… 28, 49
前言語期……………………… 48
全体的な計画………………… 19
■ そ
騒音……………………………… 62
創作童話……………………… 113
■ た
抱っこでダンス……………… 58
ダブル…………………………… 70
ダブルリミテッド……………… 136
多文化共生社会……………… 134
多様なルーツ………………… 134
探索行動……………………… 62
■ ち
直立2足歩行………………… 34
■ て
手遊び歌……………………… 58
伝承文学……………………… 112
■ と
道具の使用…………………… 34
頭足人………………………… 40
童話…………………………… 113
■ な
内言……………………… 41, 75
喃語…………………… 34, 50
■ に
2語文………………… 35, 71
二次的言葉…………………… 76
乳児期前半…………………… 27
■ の
のぞきからくり………………… 106
■ は
バイリンガル…………………… 136
8か月不安…………………… 52
発達障害……………………… 128
発達の質的転換期…………… 34
話し言葉…………… 41, 69, 87
話し言葉の発達……………… 71

パラ言語……………………… 65
■ ひ
人知りそめしほほえみ………… 29
人見知り………………… 32, 52, 56
■ ふ
普遍的微笑…………………… 29
■ へ
ベビーマッサージ…………… 58
■ ほ
保育者………………………… 6
保育所保育指針……………… 6
保育の評価…………………… 20
保育の方法…………………… 11
保育の目標…………………… 7
ボウルビィ…………………… 55
報連相………………………… 70
母語…………………… 134, 141
■ ま
マザリーズ…………………… 51
まねっこ遊び………………… 59
■ み
見立て遊び…………………… 90
ミラーリング………………… 70
■ む
昔話…………………………… 112
■ め
メディア……………………… 146
メディアの利用……………… 151
■ よ
幼児期の終わりまでに育ってほしい
（10の）姿 ………………… 9, 81
幼稚園教育要領………… 6, 68, 81
■ ら
ラベリング…………………… 75
■ り
領域「言葉」………………………
　　　12, 15, 17, 21, 68, 104, 115, 151
■ わ
わらべ歌……………………… 58

参考文献

- 岩立志津夫・小椋たみ子編著『言語発達とその支援』ミネルヴァ書房、2002 年
- 江頭恵子・鈴木永子『赤ちゃんの発達のふしぎ』大月書店、2014 年
- 遠藤利彦・佐久間路子・徳田治子・野田淳子『乳幼児のこころ』有斐閣、2011 年
- 大石敬子・斎藤佐和子「言語発達障害における音韻の問題──読み書き障害の場合」『音声言語医学』(40) 1999 年、378-387 頁
- 大藪泰『赤ちゃんの心理学』日本評論社、2013 年
- 岡田安代「就学前の外国人の子どもへの学校生活指導・日本語指導の進め方　愛知県プレスクール実施マニュアル」http://www.pref.aichi.jp/uploaded/attachment/16359.pdf
- 小田豊・芦田宏・門田理世編著『保育内容　言葉』北大路書房、2009 年
- 外国出身保護者のための支援サイト「幼稚園・保育園の連絡帳を書こう！」http://www.renrakucho.net/jpn/to-teacher.shtml#sec4
- 神蔵幸子・宮川萬寿美編著『生活事例からはじめる保育内容総論』青踏社、2014 年
- 河原紀子監修・執筆、港区保育を学ぶ会執筆『0～6歳子どもの発達と保育の本』学研、2011 年
- 関係学会・関係学ハンドブック編集委員会編『関係学ハンドブック』関係学研究所、1994 年
- かんもくネット編、金原洋治監修・はやしみこ『どうして声が出ないの？──マンガで分かる場面緘黙』学苑社、2013 年
- 国立国語研究所編『幼児の読み書き能力』東京書籍、1972 年
- 子どもネット研「子どもたちのインターネット利用について考える研究会」http://www.child-safenet.jp/activity/2757/
- 五味太郎『ことばのえほん　あいうえお』絵本館、1992 年
- 坂村健『高等学校　社会と情報』数研出版、2013 年
- サリー・シェイウィッツ、藤田あきよ訳、加藤醇子医学監修『読み書き障害（ディスクレシア）のすべて』PHP 研究所、2006 年
- ジェーン・エアーズ、佐藤剛監訳『子どもの発達と感覚統合』協同医書出版、1982 年
- 柴崎正行・戸田雅美・秋田喜代美編著『保育内容「言葉」』ミネルヴァ書房、2010 年
- 島村直己・三神寛子「幼児のひらがなの習得──国立国語研究所の1967年の調査との比較を通して」『教育心理学研究』(42) 1994 年、70-76 頁
- 社団法人日本小児科医会「子どもとメディア」対策委員会「［子どもとメディア］の問題に対する提言」2004 年
- 高橋登「読み書きの発達とその障害」大伴潔・大井学編著『特別支援教育における言語・コミュニケーション・読み書きに困難がある子どもの理解と支援』学苑社、2011 年
- 田中昌人・田中杉恵『子どもの発達と診断 1』大月書店、1982 年
- 田中昌人・田中杉恵『子どもの発達と診断 2』大月書店、1990 年
- 田中昌人・田中杉恵『子どもの発達と診断 3』大月書店、1984 年
- 田中昌人・田中杉恵『子どもの発達と診断 4』大月書店、1986 年
- 田中昌人・田中杉恵『子どもの発達と診断 5』大月書店、1988 年
- 田中昌人『乳児の発達診断入門』大月書店、1990 年
- 戸田雅美編著『演習保育内容言葉』建帛社、2009 年
- 廣嶌忍・堀彰人『子育てと健康シリーズ㉒子どもがどもっていると感じたら』大月書店、2004 年
- 古館綾子『でんでんでんしゃがやってくる』岩崎書店、2002 年
- 星野圭朗『オルフ・シュールベルク理論とその実際──日本語を出発点として』全音楽譜出版社、1993 年
- 牧野桂一・山田眞理子『ことばが育つ保育支援──牧野・山田式言語保育発達検査の活用』エイデル研究所、2013 年
- 正高信男『0歳児が言葉を獲得するとき──行動学からのアプローチ』中公新書、1993 年
- 増田まゆみ編著『乳児保育』北大路書房、2009 年
- 谷田貝公昭監修、廣澤満之編『「言葉」（実践　保育内容シリーズ④）』一藝社、2014 年
- レイチェル・カーソン、上遠恵子訳『センス・オブ・ワンダー』新潮社、1996 年

執筆者紹介 (執筆順、＊は編著者)

馬見塚 昭久＊ (まみづか あきひさ)
はじめに、第1章、演習課題③、⑥〜⑧、
アクティビティ①〜④、⑥〜⑧を担当
小田原短期大学保育学科講師

小倉 直子＊ (おぐら なおこ)
はじめに、第2章、演習課題①②④を担当
小田原短期大学保育学科講師

花岡 清美 (はなおか きよみ)
第3章を担当
常葉学園短期大学部保育科非常勤講師

宮川 萬寿美 (みやかわ ますみ)
第4章を担当
小田原短期大学保育学科教授

安村 由希子 (やすむら ゆきこ)
第5章を担当
小田原短期大学通信教育サポートセンター、保育学科通信教育課程特任准教授

三浦 正雄 (みうら まさお)
第6章を担当
埼玉学園大学教授

杉﨑 雅子 (すぎざき まさこ)
第7章を担当
小田原短期大学保育学科講師

望月 たけ美 (もちづき たけみ)
第8章、演習課題⑤、アクティビティ⑤を担当
小田原短期大学保育学科講師

編集協力：株式会社桂樹社グループ
本文イラスト：寺平京子、宮下やすこ
本文デザイン：株式会社桂樹社グループ
表紙イラスト：秋永悠
装丁：株式会社キガミッツ

保育内容「言葉」指導法

2018年3月15日	初版第1刷発行	〈検印省略〉

定価はカバーに
表示しています

編著者	馬見塚 昭 久
	小 倉 直 子
発行者	杉 田 啓 三
印刷者	藤 森 英 夫

発行所　株式会社　ミネルヴァ書房
607-8494 京都市山科区日ノ岡堤谷町1
電話代表 (075) 581-5191
振替口座 01020-0-8076

ⓒ馬見塚・小倉, 2018　　　　　　　　亜細亜印刷

ISBN978-4-623-08250-6
Printed in Japan

よくわかる！保育士エクササイズ

全 5 巻／B5 判／美装カバー

① 保育の指導計画と実践 演習ブック
門谷真希／山中早苗 編著　本体 2200 円

② 子どもの保健 演習ブック
松本峰雄 監修　本体 2200 円

③ 子どもの食と栄養 演習ブック
松本峰雄 監修　本体 2500 円

④ 保育の心理学 演習ブック
松本峰雄 監修　本体 2200 円

⑤ 乳児保育 演習ブック
松本峰雄 監修　本体 2500 円

別巻 DVD
乳幼児を理解するための保育の観察と記録

―――― ミネルヴァ書房 ――――
http://www.minervashobo.co.jp/